华南师范大学创建国家教师教育创新
实验区首批教师教育专家工作室研究成果

核心素养导向的中学物理情境教学实践研究

高秀丽 ◎ 编著

东北师范大学出版社

长 春

图书在版编目（CIP）数据

核心素养导向的中学物理情境教学实践研究 / 高秀丽编著. — 长春：东北师范大学出版社，2021.2
ISBN 978-7-5681-7530-2

Ⅰ.①核… Ⅱ.①高… Ⅲ.①中学物理课—教学研究 Ⅳ.①G633.72

中国版本图书馆CIP数据核字（2021）第032406号

□责任编辑：石　斌　　□封面设计：言之凿
□责任校对：刘彦妮　张小娅　□责任印制：许　冰

东北师范大学出版社出版发行
长春净月经济开发区金宝街118号（邮政编码：130117）
电话：0431-84568115
网址：http://www.nenup.com
北京言之凿文化发展有限公司设计部制版
北京政采印刷服务有限公司印装
北京市中关村科技园区通州园金桥科技产业基地环科中路17号（邮编：101102）
2022年4月第1版　2022年4月第1次印刷
幅面尺寸：170mm×240mm　印张：10.5　字数：163千

定价：45.00元

前言
FOREWORD

2014年，教育部颁发《教育部关于全面深化课程改革 落实立德树人根本任务的意见》，提出要把课程改革作为落实立德树人根本任务的重要抓手，掀起了新一轮课程改革的热潮。2018年1月，教育部颁布了《普通高中物理课程标准（2017年版）》，明确提出了学科核心素养，物理学科的核心素养是物理观念、科学思维、科学探究、科学态度与责任。核心素养的提出，明确了物理课程教学的育人价值。

当前，课程改革已经进入一个新的历史阶段，核心素养成了教学设计的重要依据，而教学策略是从观念走向行动、从理论走向实践的操作系统，只有将观念和理论转化为实施策略和行动方案，核心素养才能真正落地。《国务院办公厅关于新时代推进普通高中育人方式改革的指导意见》指出，要"积极探索基于情境、问题导向的互动式、启发式、探究式、体验式等课堂教学"，明确提出情境教学作为一种课堂教学组织形式在新一轮课程改革中的重要性。

正是在此背景下，本书作者带领一批骨干教师在教学中进行了实践尝试，研究核心素养导向下中学物理教学中的情境创设，通过反复磨课修改，开发了一批教学设计和案例，得到了一线教师的高度认可。为了分享研究成果，研究团队把研究结论和案例编写成书，以便与同行交流。另外，虽然本次基于核心素养的课程改革是从高中阶段开始的，但是我们相信，对学科核心素养的研制和提炼，义务教育阶段和高中阶段在出发点和大方向上应该是一致的。义务教育阶段的教师在义务教育课程标准尚未做新修订的情况下，也要自觉地以高中阶段的学科核心素养为参照，准确领会学科核心素养的内涵，结合学段特点，把学科核心素养有机地融入学科教学。因此，本书在内容的选择和阐述上，既立足于高中，又兼顾初中，其中不少案例是来自初中的。

为本书提供教学设计的教师有：广州市花都区秀全街雅正学校的李安发老师，广州市花都区邝维煜纪念中学的樊观平、钟敏娴、商显照、刘文宠、李峰云、张春梅、李少年老师，广州市花都区秀全中学的吴为老师。其中李安发老师负责初中教学设计的开发和统稿工作，在此一并致谢！

本书在编写时力求做到深入浅出、简明扼要，既注重理论的深度剖析，又注重实践的操作介绍。本书既可作为中学物理教师的教学参考资料，也为其他学科教师和教学研究人员展示了一个研究领域。但是由于我们的理论水平和研究水平有限，疏漏和不足之处在所难免，恳请广大读者批评指正！

高秀丽

2020年8月10日

目 录
CONTENTS

上 篇 理论概述

第一章 核心素养导向的物理教学设计研究 ……………………………… 2
    第一节 教学设计概述 ……………………………………………… 3
    第二节 教学目标的设置与陈述 …………………………………… 8
    第三节 核心素养导向的物理教学设计 …………………………… 12

第二章 核心素养导向下中学物理的情境教学 …………………………… 16
    第一节 课堂教学活动过程 ………………………………………… 17
    第二节 中学物理课堂教学的常用策略 …………………………… 21
    第三节 中学物理课堂中的情境教学 ……………………………… 34

下 篇 案例评析

第三章 核心素养导向下概念课教学中的情境创设 ……………………… **48**
    案例1 速度变化的快慢、加速度 ………………………………… 49
    案例2 超重和失重 ………………………………………………… 55

- 案例3 向心力 ··· 61
- 案例4 电 阻 ··· 70
- 案例5 浮 力 ··· 78

第四章 核心素养导向下规律课教学中的情境创设 ················· **86**
- 案例1 平抛运动 ·· 87
- 案例2 机械能守恒定律 ·· 93
- 案例3 焦耳定律 ··· 102
- 案例4 牛顿第一定律 ·· 114
- 案例5 电流与电压和电阻的关系 ··· 126

第五章 核心素养导向下问题解决课教学中的情境创设 ············ **135**
- 案例1 动量守恒定律的应用——碰撞类问题 ····························· 136
- 案例2 动量守恒定律的应用——子弹打木块类问题 ··················· 141
- 案例3 动量守恒定律的应用——弹簧类问题 ····························· 148

参考文献 ·· **158**

上篇 理论概述

第一章

核心素养导向的物理教学设计研究

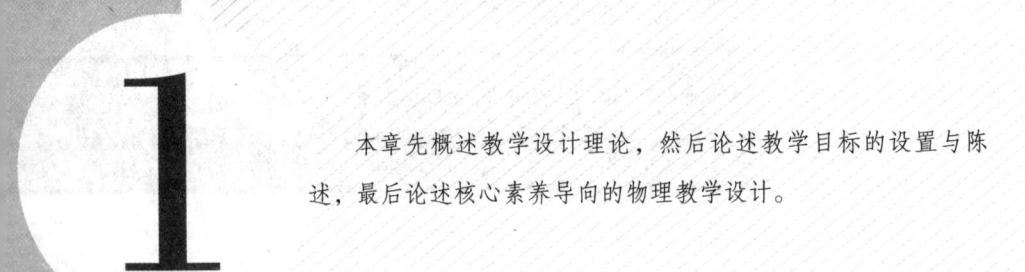

本章先概述教学设计理论,然后论述教学目标的设置与陈述,最后论述核心素养导向的物理教学设计。

第一节 教学设计概述

教学设计是根据课程标准的要求和教学对象的特点，有序安排教学诸要素，确定合适的教学方案的设想和计划，是以学习理论、教学理论和教学技术的研究成果为依据，寻求解决教学问题、优化教学总体成效的应用学科。

一、教学设计的理论概述

教学是一项有明确目的的社会实践活动。这个社会实践活动使学习者学习和掌握基础知识和基本技能，发展学习者的智力，培养学习者的能力，使学习者形成一定的态度品德，促进学习者身心健康地发展。为了达到这样的教学总目标，教师必须依据一定的教学思想和理念，结合自己对教学过程的理解和认识，对师生双边活动进行周密的思考和精心的设计。

建立教学设计学的构想最初来源于美国哲学家、教育家杜威（John Dewey），他提出应建立一种所谓的"桥梁科学"，以便将学习理论与教学实践紧密联系起来，目的是建立一套系统的、与教学活动相关的理论知识体系，以便实现教学的优化设计。

关于教学设计，有如下一些主要的界定：

加涅曾在《教学设计原理》（1988年）中将教学设计界定为："教学设计是一个系统化（systematic）规划教学系统的过程。教学系统本身是对资源和程序做出有利于学习的安排。任何组织机构，如果其目的是开发人的才能，均可以被包括在教学系统中。"

帕顿（Patten，J. V.）在《什么是教学设计》一文中指出："教学设计是设计科学大家庭中的一员，设计科学各成员的共同特征是用科学原理及其应用来满足人的需要。因此，教学设计是对学业、业绩问题（performance problems）的解决措施进行策划的过程。"

赖格卢特（Charles M. Reigeluth）对教学设计的定义基本上同对教学科学的定义是一致的。因为在他看来，教学设计也可以被称为教学科学。他在《教学设计是什么及为什么如是说》一文中指出："教学设计是一门涉及理解与改进教学过程的学科。任何设计活动的宗旨都是提出达到预期目的的最优途径（means），因此，教学设计主要是关于提出最优教学方法的处方的一门学科，这些最优的教学方法能使学生的知识和技能发生预期的变化。"

梅瑞尔（Merrill）等人在其发表的《教学设计新宣言》一文中对教学设计所做的新界定引起了人们的重视。他认为："教学是一门科学，而教学设计是建立在这一科学基础上的技术，因而教学设计也可以被认为是科学型的技术（science-based technology）。"

美国学者肯普给教学设计下的定义是："教学设计是运用系统方法分析研究教学过程中相互联系的各部分的问题和需求，在连续模式中确立解决它们的方法步骤，然后评价教学成果的系统的计划过程。"

学习教练肖刚定义教学设计为："教学设计是一个系统设计并实现学习目标的过程，它遵循学习效果最优的原则，是课件开发质量高低的关键所在。"

以上这些定义从不同的方面指出了教学设计的重要特征，强调了教学设计所包括的范围、特点以及性质。从以上界定，不难看出教学设计的基本特征：

（1）教学设计是把教学原理转化为教学材料和教学活动的计划。

教学设计要遵循教学过程的基本规律，选择教学目标，以解决教什么的问题。

（2）教学设计是实现教学目标的计划性和决策性活动。

教学设计以计划和布局安排的形式，对怎样才能达到教学目标进行创造性决策，以解决怎样教的问题。

（3）教学设计是以系统方法为指导的[①]。

教学设计把教学各要素看成一个系统，分析教学问题和需求，确立解决的程序纲要，使教学效果最优。教学设计把教学过程视为一个由诸多要素构成的系统，因此需要用系统的思想和方法对参与教学过程的各个要素及其相互关系做出分析、判断和操作。这里的系统方法是指教学设计从"教什么"入手，对学习需要、学习内容、学习者进行分析；然后从"怎么教"入手，确定具体的教学目标，制定行之有效的教学策略，选用恰当、经济实用的媒体，具体直观地表达教学过程各要素之间的关系，对教学绩效做出评价，根据反馈信息调控教学设计各个环节，以确保教学和学习获得成功。

（4）教学设计是提高学习者获得知识、技能的效率和兴趣的技术过程。

教学设计是教育技术的组成部分，它的功能在于运用系统方法设计教学过程，使之成为一种具有操作性的程序。

（5）教学设计的理论基础主要是学习理论。

教学设计依赖系统方法，系统可保证过程设计的完整性、程序性，但设计对象的科学性是系统无法保证的，如教学目标是否切合学生的学习能力，教学活动的安排是否符合学生内在的学习规律，教学目标达到与否的标准为何，等等，而这些内容只能由基于学习心理学研究成果之上的教学理论才能回答。只有对学生内在的学习规律和过程有清楚的了解，才能够有依据地设计符合学生学习要求的教学方案和系统。

二、教学设计的一般步骤[②]

系统的教学设计一般包括九个部分，属于广义的教学设计。

1. 确定教学目标

教学目标描述在教学完成后学生应该具备的能力和倾向变化。教学目标设置的依据是课程标准、教材以及学生的主要特征。

[①] 陈刚. 物理教学设计[M]. 上海：华东师范大学出版社，2009：5-6.
[②] 皮连生. 学与教的心理学[M]. 上海：华东师范大学出版社，2009：176-179.

2. 分析教学目标

分析教学目标包括分析学生完成教学目标所需要的技能和子目标。例如，教学分析的最后一项任务是确定学生的起点行为（entry behavior），即确定开始新的教学任务之前，学生已具有哪些知识和技能。

3. 分析学生和环境

分析学生包括分析他们的已有知识、技能、爱好、态度及其与知识有关的个性特征。分析环境包括分析知识与技能学习的环境以及知识与技能运用的环境。这些分析所提供的信息有助于决定教学过程和方法。

4. 陈述作业目标

作业目标也称行为目标，是用于观察的行为陈述的具体教学目标。这样的目标将便于测量和评估。

5. 开发评估工具

设置和明确陈述目标以后，在教学实践中，教学设计者预先需开发测量工具来评估目标实现的情况。此时所考虑的重点是测验与目标之间的对应关系。

6. 选择与开发教学策略

教学策略的范围广泛，包括预备活动、呈现信息、提供练习与反馈、测验以及课后活动等。教学策略主要是根据任务分析的结果决定的。

7. 开发与选择教学材料

教学材料包括学生的手册、教材、测验和教学指导书。选择与开发教学材料依赖于学习类型、已有的可以利用的有关教材和资源。

8. 设计与进行形成性评价

形成性评价是在教学过程中进行的，它为改进教学提供数据。形成性评价分三级水平：第一级水平是一对一评价，即一名教师对一名有代表性的学生，详细了解学生掌握教学目标的情况；第二级水平是小组评价，所得到的数据更有代表性；第三级水平是针对全班学生的评价。

9. 修正与补救教学

根据形成性评价结果，如果发现学生未达到教学目标，或发现学生存在学习困难，教学设计者应重新考虑教学设计，包括考查目标定位是否适当、教学任务分析是否准确等。如果上述设计不适当，则应予以修正，并重新撰写作业目标和进行补救教学；如果发现目标定位适当，且任务分析正确，则需要重新考虑教学策略及其实施情况，并进行补救教学，直到达到原定目标为止。

根据形成性评价结果对教学进行修正与补救之后，教学设计者应对教学效果进行总结性评价。一般来说，这一步并不是教学设计的一个组成环节，因为对一个教学设计的优缺点及其效果的客观评价不是由教学设计者自身进行的，而是由某个独立部门委托专门人员进行的。

广义的教学设计适合学校教学、军事人员培训、工商部门和其他部门的人员培训，其中也包括课程和教材设计。

狭义的教学设计指由教师进行的课堂教学设计。因为学校总的教学目标是由政府规定的。学校所设课程和相关课程的目标和教材已由教学行政部门组织专业人员开发出来了。教师日常进行课堂教学设计的主要任务是根据其所教班级的学生的特点和所教课程的教材内容，将课程目标转化为单元或课时目标，并对这种目标加以分析，然后据此选择或开发适合的教学策略（包括安排适当的步骤、教材呈现方法、练习与反馈等），最后对照目标检测教学效果。

第二节　教学目标的设置与陈述

教学目标是预期的学生学习的结果。教学目标一般分三个层次：第一个层次是国家教育方针所阐明的目标；第二个层次是课程标准层次，属于课程专家提出的课程目标；第三个层次是课堂教学目标，是教师针对具体教学任务来设置与陈述的目标。本书阐述的是第三层次的课堂教学目标。教学目标直接制约和影响教学过程、教学策略、教学活动以及评价项目的设计，因此有必要介绍教学目标设置的理论以及相关技术和方法。

一、教学目标的功能

教师在分析了课程标准、教材和学生的特征之后，接下来要做的事就是设置合适的教学目标。所谓合适，是指教学目标既要体现课程标准的要求，又要反映学生的起点能力、技能和认知策略等。因此，设置合适的教学目标是提高教学有效性和针对性的最重要一步，它有导学、导教和导测评三项功能。

1. 指导教学过程设计和教学策略选择的功能

按照目标导向教学论，教学目标确定后，教与学的过程已经确定，教学过程、方法和策略也已经明确。所谓"磨刀不误砍柴工"，教学目标设置合适了，将会事半功倍。教学实践中，有的教师对教学目标不够重视，凭经验教学，教学目标模糊，往往导致教学过程、教学策略选择不得当，课堂效率大打折扣。

2. 指引学生学习的功能

上课一开始，教师明确告知学生课堂学习目标，让他们明确经过课堂学习后，能力或行为等应有什么变化，有利于使他们把注意力集中在他们要达到的目标上，而且明确的学习目标也有利于学生通过学习后的自我检测和评价改进自己的学习。正如奥苏伯尔所说："大体上讲，当教学目标能够起先行组织者的作用时，我们将期望它们促进有意义的学习，从而促进学习的长期保持。"

3. 指导测量与评价的功能

依据教学目标，教师编写检测题和评价项目，在教学过程中和教学终点分别实施形成性测量和终结性测量。如果通过测量，教学目标基本达成了，那么可以认为教学是成功的。如果教学目标大部分没有达成，或教学目标与教学过程、方法不一致，那么不论课堂如何生动、感人，教学都是不成功的。同时，教学目标也可以作为同行听课以后对教学有效性做出评价的依据。例如，有的公开课，看起来非常热闹，学生的参与度也很高，似乎教学效果不错，但如果我们发现学生在课堂上并没有达成该课的教学目标，那么这样的课只是"作秀课"。相反，有的课看起来很朴实，没有过多和多余的活动或者"假参与"，课堂看起来似乎有点沉闷，但学生经过学习后都很好地达成了目标，这样的课就是好课。

除了以上三项主要功能之外，教学目标还有交流功能。清晰的教学目标有利于向学校领导、同行、家长等表达课堂教学的意图和预期效果，便于相互交流。

由于教学目标具有上述重要功能，所以对教学目标的分类和陈述的研究一直是西方教育心理学中的一个重要课题。有些心理学家甚至认为，关于行为目标的研究是心理学对教学科学化所做出的重要贡献之一。

二、指导教学目标设置与陈述的理论与技术

教学目标要实现上述三个功能，教师在进行课堂教学设计时需要运用适当的理论框架。在教育心理学中，指导教学目标设置的理论主要是布卢姆的认知目标分类理论和加涅的学习结果分类理论。

表1-1-2-1对布卢姆的认知分类理论和加涅的学习结果分类理论进行了对比。

表1-1-2-1　布卢姆教育目标分类、加涅学习结果分类的比较

布卢姆教育目标的三个领域		加涅的学习结果分类
认知领域	事实性知识	言语信息
	概念性知识	智慧技能
	程序性知识	
	元认知知识	认知策略
心因动作技能领域		动作技能
情感领域		态度

三、设置与陈述教学目标的注意事项

教师所设置的教学目标属于第三层面的课堂教学目标，要设置与陈述合理和可行的教学目标，需要做好以下几点。

（一）做好"两看"

"两看"即上看课程标准和教材，下看学生，也就是人们常说的教师备课前要吃透的两头：一头是教材，一头是学生。

1. 分析课程标准和相应的教材

为了指导课堂教学目标的设置，教师首先要领会自己所教学科课程标准中关于教学目标的描述，因为它们代表国家的意志。在领会课程标准的基础上，教师要研究教材，目的是熟悉教学内容，包括厘清教学内容的逻辑思路，同时挖掘教材中蕴含的学科核心素养等。

2. 分析学生的主要特征

学生的主要特征因素包括学生的起点能力（或水平）、认知结构、学习态度、学习动机、学习风格等。对于学生的起点能力（或水平），主要进行预备能力、目标能力的分析，一般采用经验判断的方法，也可以使用测验的方法。

（二）目标的陈述应有助于导学、导教、导测评

所谓导学，就是目标能够明确告诉学生，通过学习，他应该学会做什么；

所谓导教，就是目标中应暗含要教会学生的学习技能、认知策略；

所谓导测评，就是目标应暗含观察学生学习结果的条件。

（三）应选择适当的分类框架设置与陈述目标

心理学专家认为，如果是一个较大的教学单元，教师宜采用布卢姆的三维目标分类框架陈述目标；如果是一节课或一个小的课题的教学，宜采用加涅的五类学习结果框架陈述目标。

第三节　核心素养导向的物理教学设计

当今国际科学教育的核心理念是促进学生核心素养的发展。新颁布的《普通高中物理课程标准（2017年版）》明确提出：高中物理课程是普通高中自然科学领域的一门基础课程，旨在落实立德树人的根本任务，进一步提升学生的物理学科核心素养，为学生的终身发展奠定基础，促进人类科学事业的传承与社会的发展。课程的总目标是提高全体学生的物理学科核心素养，课程的具体目标包括物理观念、科学思维、科学探究、科学态度与责任四个方面。

一、物理学科核心素养

学科核心素养是学科育人价值的集中体现，是学生通过学科学习而逐步形成的正确价值观念、必备品格和关键能力。物理学科的核心素养主要包括物理观念、科学思维、科学探究、科学态度与责任四个方面[1]。

1. 物理观念

物理观念是从物理学视角形成的关于物质、运动与相互作用、能量等的认识，是物理概念和规律等在人的头脑中的提炼与升华；是从物理学视角解释自然现象和解决实际问题的基础。物理观念主要包括物质观念、运动与相互作用观念、能量观念等要素。

---

[1] 中华人民共和国教育部.普通高中物理课程标准（2017年版）[M].北京：人民教育出版社，2018.

2. 科学思维

科学思维是从物理学的视角对客观事物的本质属性、内在规律及相互关系的认识方式；是基于经验事实建构物理模型的抽象概括过程；是分析综合、推理论证等方法在科学领域的具体运用；是基于事实证据和科学推理对不同观点和结论提出质疑和批判，进行检验和修正，进而提出创造性见解的能力与品格。科学思维主要包括模型建构、科学推理、科学论证、质疑创新等要素。

3. 科学探究

科学探究是指基于观察和实验提出物理问题，形成猜想和假设，设计实验与制定方案，获取和处理信息，基于证据得出结论并做出解释，以及对科学探究过程和结果进行交流、评估、反思的能力。科学探究主要包括问题、证据、解释、交流等要素。

4. 科学态度与责任

科学态度与责任是指在认识科学本质，认识科学、技术、社会、环境关系的基础上，逐渐形成的探索自然的内在动力，严谨认真、实事求是和持之以恒的科学态度，以及遵守道德规范、保护环境并推动可持续发展的责任感。科学态度与责任主要包括科学本质、科学态度、社会责任等要素。

二、核心素养导向的教学设计

核心素养导向的教学设计着力于促进学生的物理学科核心素养的培养，每一个课题的教学设计都应该考虑如下问题：该课题的内容包括哪些？学生在学习该课题前的起点状态如何？教学内容中包含哪些促进学生发展的育人价值？学生通过该课题的学习应该在哪些方面得到发展？该课题学习的目标状态是什么？应该设计怎样的过程，才能使学生从起始状态达到目标状态？如何知道学生是否已经达到目标状态？

核心素养导向的教学设计一般流程可以分为分析、设计和评价三大部分，包含六个环节：教学内容分析；学习者分析；陈述教学目标；明确重难点；确定教学过程，选择教学策略，即教学过程设计；对照教学目标，检测与评价教学结果。核心素养导向的中学物理情境教学的教学设计与传统教学设计不同：一是教学目标必须突出教学内容中所蕴含的核心素养；二是在教学过程中

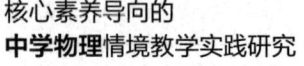

突出真实情境的创设，通过一个或多个情境问题的分析和解决引导教学内容的学习。

第一步：教学内容分析

教学内容分析是指在开始教学活动之前，预先对教学目标中所规定的、需要学生习得的能力或倾向的构成成分及其层次关系详加分析，其为学习顺序的安排和教学条件的创设提供心理学依据。

课程标准是教学实施的纲领性文件，体现国家层面的培养目标。进行教学设计之前，执教者首先应该研读课程标准，领会它的精神，深入研究教材，领会教材编者的意图，挖掘该课题对于发展学生物理学科核心素养的育人价值。

第二步：学习者特征分析

根据教学内容，分析学习者的起点能力和水平是教学设计的基础。学习者的学习应该是基于已有经验、知识和能力，建构新知识、新能力的过程。在这一环节，应该分析学习者与新内容相关的已有经验和前概念，原有的知识、能力和水平，已经历过的科学探究过程和方法，学习者的兴趣与态度等。

第三步：陈述教学目标

教学过程的中心应该是学生，因此目标陈述的主语是学生，并且用可观察、可测量的术语精确表达学习目标，这是教学设计的一项基本要求。教学目标要采用"外显行为动词+名词（名词词组）"陈述。不同的学科，外显行为动词不尽相同。

第四步：规划教学活动

依据分析出的过程与条件，合理规划教学事件，选择教学媒体和方法。

第五步：检测与评价教学效果

检测与评价教学效果是指依据学习结果的类型及相应学习者的外显行为制定测评项目，指教学过程中进行的过程性评价，即通过学习者的课堂表现和作业推测学生内在的能力和倾向变化，包括学生回答问题的情况、完成课内练习的情况等。

根据上述教学设计的环节，核心素养导向的中学物理教学设计的基本框架如图1-1-3-1所示。

```
┌──────────┐
│   课题   │
└────┬─────┘
     ↓
┌──────────┐
│教学内容分析│
└────┬─────┘
     ↓
┌──────────┐
│学习者特征分析│
└────┬─────┘
     ↓
┌──────────┐
│教学目标设置│
└────┬─────┘
     ↓
┌──────────┐
│教学过程设计│
└────┬─────┘
     ↓
┌──────────┐
│设计测评项目│
└──────────┘
```

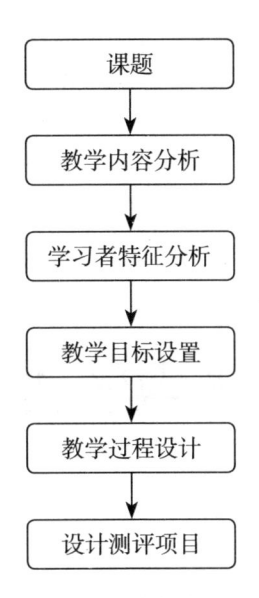

图1-1-3-1 核心素养导向的中学物理教学设计的框架

详细例子请看本书的第三、四、五章"案例评析"。

第二章

核心素养导向下中学物理的情境教学

本章先论述课堂教学的一般过程理论,然后论述核心素养导向下的中学物理情境教学过程,最后论述情境教学策略。

第一节　课堂教学活动过程

一、课堂教学过程的一般模型

教学过程指教学活动的展开过程，是教师根据一定的社会要求和学生身心发展的特点，借助一定的教学条件，指导学生通过认识教学内容从而认识客观世界，并在此基础之上发展自身的过程。课堂教学过程在教育教学理论的指导下，在教学实践中形成了相对固定的模型。

我国教师早期受苏联凯洛夫教育学的长期影响，在教学实践中形成了五步教学过程模型，具体如下（图1-2-1-1）：

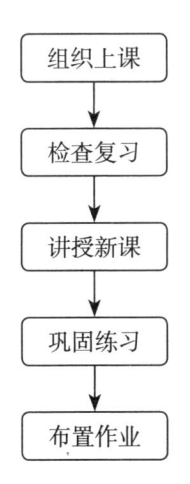

组织上课
↓
检查复习
↓
讲授新课
↓
巩固练习
↓
布置作业

图1-2-1-1　五步教学过程

1. 组织上课

组织上课的目的在于促进学生对上课做好心理和知识用具方面的准备，集中注意力，积极自觉地进入学习情境。

2. 检查复习

检查复习的目的在于复习已学过的内容，检查知识质量，弥补知识上的缺陷，为接受新知识做好准备。

3. 讲授新课

讲授新课的目的在于使学生在已有知识的基础上，掌握新知识。

4. 巩固练习

巩固练习的目的在于检查学生对新教材的掌握情况，并及时解决存在的问题，使他们基本巩固和消化所学新教材，为继续学习新知识和进行独立作业做准备。

5. 布置作业

布置作业的目的在于培养学生应用知识分析问题、解决问题的能力和自学能力。

长期以来，这一模型成了我国中小学教师进行课堂教学活动过程设计的主要依据。

二、核心素养导向下的课堂教学过程

教学过程是师生交往、积极互动、共同发展的过程，是教师基于课程标准、教材内容和所蕴含的学科核心素养，结合学生分析，实现课题目标要求和学生核心素养发展的创造过程。核心素养导向下的教学过程设计应该注意以下几点。

1. 突出物理学科核心素养

传统教学往往仅以知识为线索展开教学，导致教学设计聚焦于知识，教给学生的是知识，而忽视物理课程对学生物理学科核心素养的培养。为此，物理教学中必须把培养物理学科核心素养作为物理教学的重要目标，将物理观念、科学思维、科学探究、科学态度与责任等物理学科核心素养的培养落实到教学活动中。教师要基于核心素养设置教学目标，教学实施过程中要注意以知识和内容为载体，落实核心素养的培养。

2. 以情境问题引领教学过程

创设情境进行教学，对培养学生的物理学科核心素养具有关键作用。物理概念的建立需要创设情境。学生在学习物理概念之前，基于生活经验形成了大量经验性常识，要在此基础上建构物理概念，必须对所观察到的现象重新加工，在诸多客观情境中概括事物的共同属性，抽象事物的本质特征，完成从经验性常识向物理概念的转变。在这个过程中，教师应促进学生科学思维的发展。

物理规律的探究需要创设问题情境。学生从情境中发现和提炼问题，对问题的可能答案做出假设，并根据问题情境运用已有知识制定探究计划，选择符合情境要求的实验装置进行实验，获取客观、真实的数据，通过对数据的分析形成关于物理规律的结论。

应用物理知识解决具体问题应结合具体的实际情境。运用物理知识解决实际问题能力的高低，往往取决于学生将情境与知识相联系的水平[1]。

3. 重视科学探究能力的培养

实验是物理教学之源，离开了实验，物理学就不可能发展。在中学物理教学中，应注重科学探究，尤其应注重物理实验，它在培养学生的探究能力和科学态度等方面具有重要的作用。

《普通高中物理课程标准（2017年版）》在课程实施建议中明确指出：重视实验室的硬件配置与建设。实验是物理学习的重要环节，是培养学生物理学科素养的重要途径和方式，教师应充分利用实验器材，强化学生实验和演示实验。物理实验是增强学生物理学习体验性的重要手段。学生实验是实践体验性最强的物理学习方式，它可通过实验设计与动手操作、观察现象与记录数据、分析归纳得出结论等环节，全方位地培养学生的科学探究能力。学生实验是其他任何方式都无法替代的物理学习方式，要根据课程标准，最大限度地安排学

---

[1] 中华人民共和国教育部.普通高中物理课程标准（2017年版）[M].北京：人民教育出版社，2018

生实验。

教师可以通过一些物理实验创设情境，让学生在观察和体验后有所发现、有所联想，萌发出科学问题；还可在实验中创设一些任务，让学生在完成任务的过程中运用科学思维，自己提炼出应探究的科学问题。

概括来说，核心素养导向下的课堂教学过程应该基于课程标准的理念和要求，注重挖掘蕴含在教学内容中的核心素养和育人价值，以学生为主，以知识为载体，通过创设情境或者实验探究等方式，通过问题引领，引导学生在问题解决的过程中得到全面发展。借鉴李春密教授的《核心素养导向的物理教学路径》，本书提出物理学科核心素养导向下的教学过程设计，如图1-2-1-2所示。

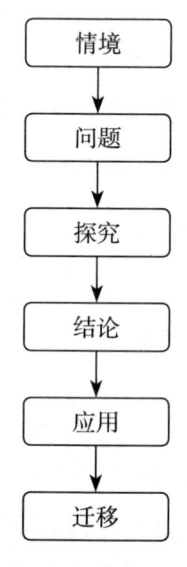

情境 → 问题 → 探究 → 结论 → 应用 → 迁移

图1-2-1-2　物理学科核心素养导向下的教学过程设计

第二节　中学物理课堂教学的常用策略

一、教学策略概述

（一）教学策略的内涵与特征

"策略"一词泛指达到目的的手段和方法。教学具有不同的层次，加涅把教学分为课程级、科目级、单元级和教案级四种水平，我国学者江山野把教学分为四层教学过程、五种教学方式。不同的教学层次就有不同的达到教学目的的手段和方法，也就有不同的教学策略。教学策略可以来自理论的推衍和具体化，也可以来自对教学实践经验的概括和总结。具体来说教学策略就是为了达到教学目的、完成教学任务，而在对教学活动有清晰认识的基础上，对教学活动进行调节和控制的一系列执行过程。

1. 教学策略的含义

教学策略包含以下几层含义：

（1）教学策略包括教学活动的元认知过程、教学活动的调控过程和教学方法的执行过程。教学活动的元认知过程是教师对教学过程中的各种因素、教学进程的反思性认知。教学活动的调控过程是指教师根据教学的进程及其中的变化而对教学过程的反馈、调节活动。教学方法的执行过程是指教师在教学过程中采取的师生相互作用方式、方法与手段的展开过程。

（2）教学策略不同于教学设计，也不同于教学方法，它是教师在现实的教学过程中对教学活动的整体把握和推进的措施。

（3）教师在教学策略的制定、选择与运用中，要从教学活动的全程入手并着眼于教学活动的全过程，要兼顾教学的目的、任务、内容及学生的状况和现有的教学资源，灵活机动地采取措施，保证教学的有效有序进行。

（4）教学策略是一系列有计划的动态过程，具有不同的层次和水平。

2. 教学策略的特征

根据以上对教学策略的认识，我们认为它主要有以下几个方面的特征。

（1）概括性。

教学策略是对教学活动的理论或实践的浓缩和提炼的结果。教学活动是丰富多彩、变幻无穷的，而教学策略却表现了不同层次的教学活动的进程和操作框架以及一定的理论成分，抽取了多种教学过程的共同特点，便于理解、把握和运用，可以用较少的笔墨反映不同层次的教学过程。因此，它具有一定的概括性。

（2）指向性。

教学策略的产生就是为了解决现实的教学问题，掌握特定的教学内容，达到预定的教学目标，收到预期的教学效果。任何教学策略都指向特定的情况、特定的教学内容、特定的教学目标，规范着师生的教学行为。教学过程中，师生每时每刻遇到的问题严格来说都不会是一样的，问题的性质，问题的内容，解决问题的途径、手段和条件也不会相同，这样每一个问题情境都是特殊而具体的，内容是新遇到的，目标有新的变化，这就使得解决问题的办法、策略要视具体情况而定。根据不同的问题、不同的内容、不同的背景条件制定、选择和运用教学策略。不存在无目标、无内容、无方向的教学策略，也不存在适合一切问题和内容的教学策略。

（3）操作性。

任何教学策略都是针对教学目标的每一具体要求而制定的，具有与之相对应的方法、技术和实施程序，它要转化为教师与学生的具体行动。这就要求教学策略必须是可操作的。没有可操作性的教学策略是没有任何存在价值的，或者说它就不是教学策略。教学策略既不是抽象的教学原则，也不是某种教学思想指导下建构起来的教学模式，它是供教师和学生在教学过程中参照执行的方法、技术等行为方式，它有着明确具体的内容和实施方式、步骤，是教学活动具体展开的基本依据。例如，针对一些学生书写潦草的不良习惯，使用行为矫正策略以使其书写工整，改掉不良习惯。首先向学生指出这是一种不良习惯，接着说明书写工整优美的益处和书写潦草的害处，接下来再进行书写指导，最后宣布较为具体的练习要求和检查要求。其中，书写指导、练习要求对策略运用者来说都是已设计好的且很具体的东西。又如，激发学生的写作情感，可以让学生在有趣的生活中接触作文，消除对作文的恐惧感，创设作文情境，通过一个游戏、一个活动让学生兴致勃勃地参与并讲述，兴趣盎然地完成作文，或者运用各种有趣的写作形式（如出小报、图画作文、介绍照片等）来激发学生的兴趣。这些形式都是具体可操作的。

（4）整体综合性。

教学策略包括教学活动的元认知过程、教学活动的调控过程和教学方法的执行过程。这三个过程并不是彼此割裂、各自为政的，而是相互依存、密切联系的，彼此之间相互作用、相互影响，每一个过程依据其他两个方面而做相应的规定和变化。也就是说，教师在选择和制定教学策略时，必须对教学的全过程及其各要素，诸如教学方法、教学步骤、教学媒体、教学组织形式等加以综合考虑。在此基础上对教学进程和师生相互作用方式做全面周到的安排，并在实施过程中及时反馈、调整。这一特征强调的是教学策略不是某一方面的教学谋划或措施，而是某一范畴内具体教学方式、措施等的优化组合、合理构建、和谐协同。应当看到，在教学实践中，每个教师都在自觉不自觉地运用或执行某种教学策略，但这些策略是否合理、彼此间是否协调，就要从是否符合整体综合性的特征来评判了。教学活动的元认知过程、调控过程和教学方法的执行过程是一个有机的统一体，教师必须根据这些联系有组织、有意识地安排教学活动的整体进程，这样的教学策略才能取得实效。

（5）调控性。

由于教学活动元认知过程的参与，教学策略具有调控的特性。元认知实质上是人对自身认知活动的自觉意识和自觉调节。它表现为主体能够根据活动的要求，选择适当的解决问题的方法，监控认知活动的进程，不断取得和分析反馈信息，及时调控自己的认知过程，维持或修正解决问题的方法和手段。教学活动的元认知就是教师对自身的教学活动的自觉意识和自觉调节，教师能够根据对教学的进程及其各种要素的认识反思，及时把握教学过程中的各种信息，及时反馈和调整教学的进程及师生相互作用的方式，推动教学的展开，向教学目标迈进。当教师具有了教学元认知能力，能自觉认识和调节教学的进程时，教师对教学策略的运用就达到了较高的水平，教师的教学水平就达到了较高的境界。调控性表现了教师对教学活动的及时把握和调整，表现了教学活动的动态性。

（二）教学策略的结构

任何教学策略都有其内在结构，教学策略的结构是由它所包含的诸要素有规律地构成的系统。一个成熟的、有效的教学策略一般应包含以下几个要素：指导思想、教学目标、实施程序、操作技术。

1. 指导思想

指导思想即某一教学策略所依据的理论基础，它能对具体的教学策略做出理论解释，是教学策略的灵魂。任何一种教学策略的背后都有一定的教学观念、教学理论做支撑。在教学策略的制定和实施过程中，教师拥有不同的教学思想、教学观念，对教学的进程和要素有不同的认识，就会制定出不同的教学策略。例如，同样是教学拼音，有的教师视学生为知识的主体，认为通过一定的激发、鼓励措施，就可以调动学生的积极性，让学生愉快地自主学会拼音。有的教师则可能视学生为被动的容器，认为只有教师领读，学生跟着学才可能学会拼音，教学中他可能让学生机械地跟老师读。两种不同的教学策略，反映了两种不同的教学观念。教师是一定社会历史时代的人，每一个教师的知识背景、教学经历都不相同，即使接受同样的教师教育，教授同样的学科，他们对教学的环节，对学生的认识，对教学手段、媒体的使用以及在不同的时间和场所，都会表现出各自不同的特点。明确这一点，有助于教师有目的、有意识地贯彻教学理论，更好地发挥理论的价值。否则，有可能陷入盲目和混乱。

2. 教学目标

任何一种教学策略都是指向一定的教学目标，为完成一定的教学任务而创立的。教学目标是教学策略结构的核心要素，对其他要素起制约作用。也就是说，一定的教学策略总是针对一定的教学目标，并且总是尽力满足教学目标所提出的要求。教学策略的运用，无论是活动内容，还是活动细节、活动方式，或者是活动的程序及其每个环节，都是指向教学目标的，为达成教学目标而存在。例如，知识教学的讲授策略，其目标是通过教师对学生难以理解的教学内容进行分析、讲解，通过语言的表达，使教学内容简化成易理解、易接受的内容，达到学生理解、把握和运用的目的。又如，主动参与的策略，其目标是针对教学中学生缺少主动积极地动手、动口的机会的现象，通过教师有目的地创设一定的情境，提出一定的条件，让学生在教学过程中积极主动地动口、动手、动脑，去实践、去操作、去练习、去活动，从而促进活动能力、动手操作能力、口头表达能力以及主体意识的发展与提高。每一种教学策略都有一定的教学目标，但教学策略与教学目标又不是一对一的关系。一种教学策略可以有多种目标，其中又有主次之分。主要目标是区别不同策略的特点，也是运用教学策略的重要依据。这是在制定和使用教学策略时应当注意的。

3. 实施程序

实施程序即教学策略按时间展开的逻辑活动步骤以及每一步骤的主要做法等。教学策略是针对一定的教学目标组织起来的程序化设计，因此有其自身的操作序列，它指出教师在采取一定的教学策略时先做什么、后做什么、再做什么。例如，杜威认为，中学教学策略的程序是创设情境、明确问题、提出假设、执行计划、检验假设。由于教学活动的复杂性和特殊性，教学策略的实施程序只能是基本的和相对稳定的，而不是僵化的和一成不变的，也就是说教学策略的实施程序有一定的前后顺序，但没有定式，可以随着教学条件的变化以及教学的进程及时调整和变换。例如黎世法的"六阶段教学策略"，虽然按"自学、启发、复习、作业、改错、小结"六个步骤依次递进，但其中某些步骤可以根据教学实际情况压缩、省略和叠合，生成很多变式，而每一环节又可作为单一策略来实施，如作业策略，可以是教师先布置具有代表性的典型作业，然后再指导谈话，指出完成作业时应注意的问题，学生独立完成作业，教师巡回指导，力求使技能综合化。又如小结的策略，首先教师布置小结提纲，并进行指导谈话，然后学生根据提纲独立小结。进行小结时，先由学生宣讲小结，教师加以评论，总结全部内容，最后对学生还存在的问题进行解答。所以，教学策略虽然有一定的程序，但无定式，教师应注意这一特点，灵活运用。

4. 操作技术

操作技术即教师运用教学策略的方法和技巧。要保证教学策略的实施有效和可靠，就必须提出一整套明确易行的行为技术和操作要领。例如，布鲁纳对发现法教学策略曾规定，矫正学生的知识结果，或者为学生提供其他帮助，必须是在学生得到实验结果并拿它跟希望获得的结果进行比较的时候。若过早，学生不理解；若过迟，则无法对下一步活动起到指导作用。所以，教学策略必须有具体的操作方法和技术，它一般包括以下几个方面的内容：

（1）教师方面，包括教师在教学策略中的角色、作用或对教师的要求。

（2）教学内容方面，包括教学策略的依据及教师对教学内容的处理。

（3）教学手段方面，除平常教学所需的教学手段外，还包括动用本策略所需的特殊教学手段。

（4）使用范围方面，包括本策略适用的学科性质、问题性质或年级层次等。

以上几个因素相互联系、相互制约，缺一不可，它们完整地构成了一定的教学策略。了解了教学策略的基本结构，就掌握了教学策略建构的要领，抓住了它的实质，这不仅有助于使学生掌握和借鉴有效的教学策略，而且有助于总结和建构自己的教学策略，知道从哪些方面去总结归纳教学策略。

（三）教学策略的类型

美国学者梅瑞尔曾提及教学策略的类型问题，指出不同类型的教学策略可以增进不同种类的知识和技能，但他没有进一步提出确切的分类标准和体系。1976年，美国学者史密斯提出了以经验为基础的两种教学策略，即内容限制性策略和非内容限制性策略。内容限制性策略注重师生与教学内容的关系，非内容限制性策略则强调师生间的关系，它包括课堂教学策略、课堂管理策略以及师生间和学生间的合作策略。加涅则把教学策略分为管理策略和指导策略两大类。

我国学者黄高庆等人以两重标准将教学策略划分为一般性教学策略和特殊性教学策略、问题指向型教学策略和自我指向型教学策略。一般性教学策略是一般情况下都要运用的用于解决一般性教学问题的策略，如教材呈现策略、课堂管理策略、教学评价策略、教学资源管理策略；特殊性教学策略是只有在特殊问题情境中运用或运用时具有个人特点的策略，如数学教学中的代数教学策略与几何教学策略、语文教学中的阅读教学策略与写作教学策略、中学语文特级教师于漪的情感式教学策略、钱梦龙的训练式教学策略等；问题指向型教学策略主要指向教学策略活动的作用对象——教学问题，针对不同的问题有不同的策略，如动机激发策略、情感沟通策略、态度改变策略、行为矫正策略、民主教学策略、合作教学策略、启发式教学策略等；自我指向型教学策略主要指向教学策略运用者自身的思维活动，如思维方式变换策略、思维方向转换策略、知识类型替换策略等。张大均以教学过程的环节和学生的特点为指标，把教学策略分为教学准备策略、教学实施策略、因材施教策略和教学监控策略四种基本类型。教学准备策略主要包括确定教学目标的策略、设计教学内容的策略、分析学生起始状态的策略、选择教学方法和媒体的策略、教师自我心理准备的策略、设计教学环境的策略；教学实施策略主要有先行组织者策略、概念教学策略；因材施教策略主要包括针对年龄差异的策略、针对能力差异的策略、针对认知方式的策略；教学监控策略主要包括主体自控策略、课堂主动策略、教学反馈策略、现场指导策略等。施良方等人在其主编的《教学理论：课堂教学的原理、策略与研究》一书中集中讨论了教学过程三个阶段的策略：教学前的准备策略、教学中的实施策略和教学后的评价策略。

由此可见，教学策略可以从多个不同角度和侧面来分类，角度和标准不同，就会有不同的教学策略分类。抓住任一角度进行分类都有利弊，而且从不同角度分类，它们彼此虽有歧异，但亦有相互包容、相互重叠的现象。

从根本上说，分类本身并不是目的，目的在于更深刻地把握教学策略的实质，以便教师在设计和运用教学策略时注重自己的教学策略属于哪一环节、哪一层次、哪一类型，以便有的放矢地、更好地促进自己的教学。本书所讲的主要是课堂实施策略。

二、物理课堂教学中的常用策略

（一）情境教学策略

情境教学是著名儿童教育家李吉林老师历经30多年的实践探索，概括归纳出的一条促进儿童素质全面发展的有效途径，主张用艺术的直观性结合语言描绘创设优化的情境，激起儿童积极的学习情绪，从而把情感活动与认知活动有机地结合起来。

情境=情+境，它赋予知识和认识以情和境，从而使知识和认识变得更具体、形象、生活化和情趣化，大大提高了学习的效率。目前，情境教学已被广泛应用在各类课堂上，对教学活动产生了积极的促进作用。物理学科是一门

"以物说理"的学科,情境教学更加常用和重要。

例如,在高中物理粤教版必修2第四章第四节《机械能守恒定律》一课的引入中,教师创设这样的情境:播放一段重15kg的清障球"碰鼻子"的惊险视频(图1-2-2-1),观看过程中让学生思考下面两个问题:

(1)摆球摆动过程中发生了什么能和什么能的相互转化?

(2)视频中所说的"物理生效了我还活着",究竟是什么生效了?

图1-2-2-1　重15kg的清障球"碰鼻子"视频截图

赞科夫指出:"教学法一旦触及学生的情绪和意志领域,触及学生的精神需要,这种教学法就能发挥高度有效的作用。"上述短短三分钟的视频,通过真实的情境,给学生的视觉和听觉以很大的冲击,高度激发了学生的学习情绪和兴趣,吸引了学生的注意力。同时教师的两个问题很自然地把学生带入本课的学习中。

(二)变式练习教学策略[①]

所谓变式练习,就是在引导学生认识事物属性的过程中,不断变换所提供的材料或事例的呈现形式,使本质属性保持稳定而非本质属性不断变化。变式练习是知识转化为技能的关键途径。在概念知识教学中,呈现概念的正反例证让学生进行辨别判断,有利于学生分清、把握概念的本质属性;在规则知识教

---

① 王力邦. 中学物理教师的学习与思考[M]. 北京:科学出版社,2009.

学中，给学生呈现多种有变化的问题情境，要求学生运用规则解决，可以使学生从不同角度认识规律，形成对规律比较全面而深入的认识，以便学生在运用时选择合适的表达形式。

在问题解决（高级规则）教学中，运用一题多变、一题多问、一题多解、多题归一等变式教学方法，可以用最少的时间、最少的题量来实现最佳的教学效果。

（三）比较教学策略

比较是确定对象之间的共同点和差异点的一种逻辑思维方法。认识事物从区分开始，要区分，就要比较，有比较才能鉴别。

中学物理教学内容的比较方法主要有控制变量法、比值定义法和等效替代法。

1. 控制变量法

控制变量法即在决定事物规律的多个因素中，先控制一些因素不变，只改变其中的一个因素，进行实验观察，如此多次进行，然后再综合出多个因素之间的关系的比较方法。

例如，牛顿第二定律是用实验证明出来的：先保持物体的质量不变，对物体施以大小不同的外力，研究物体产生的加速度如何变化。实验表明：当 m 一定时，a 正比于 F。再保持对物体施加的外力不变，改变物体的质量，研究物体产生的加速度如何变化。实验表明：当 F 一定时，a 正比于 m 的倒数。总结两次实验结果，得出下述结论：物体的加速度跟作用力成正比，跟物体的质量成反比，这就是牛顿第二定律。

类似地，中学物理教学内容中的欧姆定律的证明、平行板电容器电容的证明用的都是控制变量法。

2. 比值定义法

比值定义法就是用两个或多个物理量的比值来定义一个新的物理量的方法。在这里，比较的关键是选取相同的标准。因为只有选取相同的标准，才能使比较的结果有意义。所以，比值定义法采用两个或多个物理量相比，就是在比较时选取相同的标准的一个基本手段。

例如，比较两个做直线运动的物体运动得快慢，我们知道：当两个物体的位移相等，用时不同时，用时少的快；当两个物体用时相等，位移不同时，位移大的快。但是，当两个物体位移不等、用时也不等时，要比较它们谁快谁慢就需要选取相同的标准，这个相同的标准就是"单位时间内"，即两个物体在1s内，谁的位移大，谁就快。这就是用"位移与通过这段位移所需要的时间之比"来定出"单位时间内的位移——速度"。$v=\dfrac{s}{t}$就是这样定义的，这就是比值定义法。

中学物理教学内容中的密度、压强、电流强度、电场强度等物理量都是运用比值定义法来体现其物理意义的。

值得注意的是，比值定义法与控制变量法虽然同属于比较，但它们有不同的内涵。例如，部分电路的欧姆定律$I=\dfrac{U}{R}$表示在部分电路内，电流强度I、电压U和电阻R三者的函数关系；可以说部分电路内电流强度与电压成正比，与电路上的电阻成反比，这是控制变量法得到的规律。而电流强度的定义式$I=\dfrac{q}{t}$表示的是单位时间内通过导体横截面的电量。对稳恒电路而言，I是一个定值，不能说电流强度与电量成正比，与通电的时间成反比，这是由比值定义法决定的性质。类似地，密度$\rho=\dfrac{m}{v}$表示单位体积内物质的质量，它是一定物质在一定条件下的固有属性，不能说密度与质量成正比，与体积成反比。

3. 等效替代法

等效替代法，即在保证物理效果相同的前提下，绕过解决问题所遇到的障碍，对问题或问题的部分要素进行变化，把相对不熟悉的、比较复杂的、现有知识难以解决的问题转换成较熟悉的、更为简单的、用已有知识便于解决的问题的研究方法。

在中学物理教学中，有不少案例是用等效替代法解决问题的，如力的平行四边形定则（合力与分力的关系）、运动的合成（合运动与分运动的关系）。

（四）类比教学策略

类比是一种从特殊到特殊的推理方法，它是在比较的基础上，根据两个

（或两类）对象之间在某些方面的相同或相似而推出它们在其他方面也可能相同或相似的一种逻辑方法。类比可用下列公式表述：

A对象具有a、b、c、d属性，B对象具有a′、b′、c′属性，所以，B对象可能也具有d′属性。

这里a、b、c、d之间可以有下列几种情况。

1. 简单共存类比

简单共存类比即a、b、c、d彼此并列，各自独立存在。

例如，卢瑟福和他的学生盖革、马登斯为了探索原子结构的奥秘，曾经做了有名的α粒子散射实验，他们将实验结果与太阳系的情况相类比：

太阳系：太阳体积甚小，太阳质量占太阳系质量的99.87%，行星质量甚小；太阳与行星之间的引力$F=G\dfrac{Mm}{r^2}$；太阳系是由行星环绕太阳构成的。

原子：原子核体积甚小，原子核质量占原子质量的99.97%；电子质量甚小；原子核与电子之间的引力$F=k\dfrac{Qq}{r^2}$；所以原子可能由电子环绕原子核构成。

2. 函数关系类比

函数关系类比即a、b、c、d之间存在因果关系或函数关系。

例如，1678年荷兰科学家惠更斯提出波动说，他把光与声进行类比，认为声之所以能够沿直线传播、反射、折射，原因在于声是机械波，具有波动性，而光既然也能沿直线传播、反射、折射，那么这也可能是由波动造成的。又如，欧姆公式的导出：欧姆把电流的传导同傅立叶的热传导定理相类比，在热传导过程中，温差ΔT、热量Q和比热容c有函数关系$Q=cm\Delta T$；而电流I同热量相当、电压U同温差相当、电阻R同比热容的倒数相当，三者应有函数关系$I=U/R$。

3. 对称关系类比

对称关系类比即A对象的a、b属性是对称的，而B对象中的a′属性与a属性相同或相似，由此判断B对象可能有与a′相对称的b′属性。

例如，1931年，英国物理学家狄拉克将电荷与电子进行类比：已知电荷有正负对称关系，并且已发现带负电荷的电子——负电子，狄拉克便大胆预言，可能有与负电子相对称的带正电荷的正电子存在。此预言于1932年8月2日被美国物理学家安德森的宇宙射线实验所证实。

（五）分析与综合教学策略

分析是把事物的整体分解为部分，或把整体的个别特征、个别方面分解出来的思维过程。综合是把事物的各个组成部分或各种特征、各个方面联系起来的思维过程。文章是客观事物在人脑中反映的产物，要反映客观事物，首先必须科学地认识客观事物。分析与综合是人们认识事物的过程中重要的思维方法。物理学研究中，面对发展变化的物理对象，总是不断地进行分析与综合。

例如，两个叠放在一起的木块，在水平桌面上静止不动，要解释"为什么仅对底层的木块施加一个水平推力，上层的木块也会随之动起来？"我们采用隔离体受力分析的方法：当上下两层木块被分别隔离后，上层木块在下表面上受到下层木块施以的摩擦力（它所受到的外力之一），上层木块受到的重力与支持力是一对平衡力，那么，它所受到的摩擦力就是使之动起来的力。这就是中学物理教学中用得最多的隔离法，属于分析法。

再如，以一定的事物材料为基础，运用形象思维构造出某种对称的模型、图像、符号、表格等形象对称体，对研究对象做对称综合性判断。物理教学内容中，原子模型的建立、依原子能量分布规律做的电子壳层列表，甚至我们做物理实验时设计的表格，都运用了综合法。

又如，1924年德布罗意指出："在光学上，比起波动的研究方法，过于忽略了粒子的研究方法。在实验理论上，是否发生了相反的错误呢？是不是我们把粒子的图像想象得太多，而过分忽略了过渡的图像？"他深信物理学物质理论中的这种不对称性并不是客观事实所固有的，于是大胆提出存在物质波的独创性见解，把物质的波动性添补到物理学关于实物的基本理论中去，从而为建立波动力学奠定了基础，这里他运用的是综合法。

物理学研究中，有时候将原本看起来似乎互不相关的知识、理论和现象移植到所研究的对象中来，综合研究寻求规律，这是移植综合。例如，物理学家把美学知识移植到自己的研究领域，综合该领域中各种美的因素，对比例、对称、自治、多样统一等美学观点赋予了新的意义，使其概括的科学理论更富于魅力。又如，X射线被发现后，由于它的折射、干涉、衍射等特征未被证实，人们不相信它是一种光波，而当时物理学的另一件悬案是奥伊关于晶体空间点阵的结构。德国物理学家劳厄成功地运用移植综合，将上述两种看起来毫无联系的现象巧妙地联系起来，他以晶体为光栅，使X射线的衍射实验成功，既证明了关于晶体点阵结构学说的正确，也证明了X射线是一种电磁波。劳厄还从晶体结构出发，计算一组劳厄方程式，以对晶体结构进行定量分析，为后人开辟了一条用X射线研究晶体的新路。

　　分析是综合的基础，没有分析就没有综合；综合是分析的发展，没有综合也就没有分析。从两者各自的出发点和思维运动方向来看，它们似乎是相反的、对立的；但它们却又是统一的，是相互依存、相互渗透、依一定条件而相互转化的。例如，对热现象的物理学研究，最初仅是对热现象进行客观的描述和测量，到了19世纪中叶，气体动力学理论提出后，人们发现宏观的热现象都是微观粒子无规则运动所表现出来的统计规律，在此基础上，建立了古典统计力学。20世纪初，量子物理建立后，人们又从原子和电子运动的层次上分析了热运动，进一步揭示了热运动的本质，并在此基础上建立了量子统计物理。对热运动的这一认识过程就是分析和综合不断深入的过程：在分析热运动的基础上进行综合以及进一步在新的分析的基础上进行新的综合，从而不断在新的层次上一步步地揭示热运动的本质。

第三节　中学物理课堂中的情境教学

《国务院办公厅关于新时代推进普通高中育人方式改革的指导意见》提出：深化课堂教学改革，按照教学计划循序渐进地开展教学，提高课堂教学效率，培养学生的学习能力，促进学生系统掌握各学科基础知识、基本技能、基本方法，培养学生适应终身发展和社会发展需要的正确价值观念、必备品格和关键能力。积极探索基于情境、问题导向的互动式、启发式、探究式、体验式等课堂教学……这是从国家层面明确提出情境教学是当前育人方式改革中的一种重要的课堂组织形式。

一、情境教学法的内涵

情境教学法是指在教学过程中，教师有目的地引入或创设具有一定情绪色彩的、以形象为主体的生动具体的场景，以引起学生一定的态度体验，从而帮助学生理解教材，并使学生的心理机能得到发展的教学方法。情境教学法的核心在于激发学生的情感。情境教学是在对社会和生活进一步提炼和加工后才影响学生的，如榜样作用、生动形象的语言描绘、课内游戏、角色扮演、诗歌朗诵、绘画、体操、音乐欣赏、旅游观光等，都是寓教学内容于具体形象的情境之中（其中也就必然存在着潜移默化的暗示作用）。

（一）情境教学的主要功能

情境教学的功能主要表现在两个方面：陶冶功能和暗示（或启迪）功能。

1. 情境教学能够陶冶人的情感，净化人的心灵

在教育心理学上讲陶冶，意即给人的思想意识以有益或良好的影响。关于情境教学的陶冶功能，早在春秋时期的孔子就把它总结为"无言以教""里仁为美"；南朝学者颜之推进一步指明了它在培养、教育青少年方面的重要意义："人在少年，精神未定，所与款押，熏清陶染，言笑举动，无心于学，潜易暗化，自然拟之。"这就是古人所说的"陶情冶性"。

情境教学的陶冶功能就像一个过滤器，使人的情感得到净化和升华。它剔除情感中的消极因素，保留积极成分。这种净化后的情感体验具有更有效的调节性、动力性、感染性、强化性、定向性、适应性、信号性等方面的辅助认知功能。

2. 情境教学为学生提供线索，锻炼学生的创造性思维，培养学生的适应能力

众所周知，人的社会化过程即形成"一切社会关系的总和"。这一从自然人转化为社会人的过程，实际上完全是环境、社会、家庭、学校、种族、地理等因素共同作用的结果。这些影响作用有的能被我们感知到，但更多的则是不知不觉地影响着我们。因此，保加利亚暗示学家G.洛扎诺夫指出："我们是被我们生活的环境教学和教育的，也是为了它才接受教学和教育的。"

人要受环境的教学和教育，原因就在于人有可暗示性。这是心理学和暗示学研究所共同证明了的。A.比耐的实验证明儿童身上天然存在着接受暗示的能力，接受暗示是人的一种本能。因而在他的《可暗示性》一书中，"可暗示性"就成了"可教育性"的同义语。其实，这些结论在社会学的背景下也是成立的：既然"人是一切社会关系的总和"，就必然要受到一切社会关系的影响，"人创造环境，同样环境也创造人"。

换言之，情境教学中的特定情境提供了调动人的原有认知结构的某些线索，经过思维的内部整合作用，人就会顿悟或产生新的认知结构。情境所提供的线索起到一种唤醒或启迪智慧的作用。例如，正处于某种问题情境中的人，会因为某句提醒或碰到某些事物而受到启发，从而顺利地解决问题。

（二）情境教学的使用原则

为了使情境教学更好地发挥上述两种功能，提出以下几个重要的使用原则。

1. 意识与无意识统一原则和智力与非智力统一原则

意识与无意识统一原则和智力与非智力统一原则是实现情境教学的两个基本条件，无意识调节和补充有意识，情感因素调节和补充理智因素。人的这种认知规律要求教师在教学中既要考虑如何使学生集中注意力，培养其刻苦和钻研精神，又要考虑如何调动其情感、兴趣、愿望、动机、无意识潜能等对智力活动的促进作用。教师在鼓励学生刻苦努力时，很可能已经无意识地暗示了学生：你能力不行，所以要努力。这样就无形中增加了他们的畏难情绪。如果我们能意识到这一点，就会把学生视作理智与情感同时活动的个体，就会想方设法地去调动学生身心各方面的潜能。

无意识与意识统一，智力与非智力统一，其实就是一种精神的集中与轻松并存的状态。这时，人的联想在自由驰骋，情绪在随意起伏，感知在暗暗积聚，技能在与日俱增。这正是情境教学要追求的效果。

2. 愉悦轻松体验性原则

愉悦轻松体验性原则是根据认知活动带有体验性和人的行为效率与心理激奋水平有关而提出的。该原则要求教师在轻松愉快的情境或气氛中引导学生产生各种问题意识，展开自己的思维和想象，寻求答案，分辨正误。这一原则指导下的教学，思维的"过程"同"结果"一样重要，目的在于使学生把思考和发现体验作为一种快乐，而不是一种强迫或负担。

3. 师生互信互重下的自主性原则

师生互信互重下的自主性原则强调两个方面：一是良好的师生关系，二是学生在教育教学中的主体地位。良好的师生关系是情境教学的基本保证。教学本是一种特定情境中的人际交往，情境教学更强调这一点。只有师生间相互信任和相互尊重，教师真正做到对学生"晓之以理，动之以情"，前文所述的两条信息回路才有畅通的可能。这意味着教师必须充分了解学生，学生也必须充分了解教师，彼此形成一种默契。而学生在教学中的主体地位决定了自主性侧重于教师鼓励学生独立思考和自我评价，培养学生的主动精神和创新精神。这一原则要求教师在情境教学中从学生的实际出发，使学生在完成学业的同时得到如何做人的体验。它意味着一切教学活动都必须建立在学生积极、主动和快乐的基础上。

二、情境学习理论

情境学习理论认为，学习不仅仅是一个个体意义建构的心理过程，更是一个社会性的、实践性的、以差异资源为中介的参与过程。知识的意义连同学习者自身的意识与角色都是在学习者和学习情境的互动、学习者与学习者之间的互动过程中生成的，因此学习情境的创设就致力于让学习者的身份和角色意识、完整的生活经验以及认知性任务重新回归到真实的、融合的状态，由此力图根治传统学校学习去自我、去情境的顽疾。

正是基于对知识的社会性和情境性的主张，情境学习理论告诉我们：学习的本质就是对话，在学习的过程中所经历的就是广泛的社会协商，而"学习的快乐就是走向对话"。

简单说来，情境学习是指在要学习的知识、技能的应用情境中进行学习。也就是说，你要学习的东西将实际应用在什么情境中，那么你就应该在什么样的情境中学习这些东西。"在哪里用，就在哪里学。"譬如，你要学习做菜，就应该在厨房里学习，因为你以后炒菜就是在厨房里。再如，你要学习讨价还价的技巧，就应该在实际的销售场合学习，因为这一技巧最终是用在销售场合的。

为什么要这样学习呢？因为在莱夫和温格看来，学习不能被简单地视为把抽象的、去情境化的知识从一个人传递给另外一个人；学习是一个社会化的过程，知识在这个过程中是由大家共同建构的；这样的学习总是处于一个特定的情境中，渗透在特定的社会和自然环境中。

在莱夫和温格1991年出版的代表作《情境学习：合法的边缘参与》这本书中，他们提出了三个核心概念：一是实践共同体，它所指的是由从事实际工作的人们组成的"圈子"，而新来者将进入这个"圈子"并试图从中获得这个"圈子"中的社会文化实践。二是合法的边缘性参与，这一蹩脚的短语有三重意思：①所谓合法，是指实践共同体中的各方都愿意接受新来的不够资格的人成为共同体中的一员；②所谓边缘，是指学习者开始只能围绕重要的成员转，做一些外围的工作，然后随着技能的增长，才被允许做重要的工作，进入"圈子"的核心；③所谓参与，是指在实际的工作中，在做中学习知识，因为知识存在于实践共同体的实践中，而不是书本中。第三个核心概念是学徒制，也就是采用师傅带徒弟的方法进行学习。

显然，情境学习强调两条学习原理：第一，在知识实际应用的真实情境中呈现知识，把学与用结合起来，让学习者像专家、"师傅"一样进行思考和实践；第二，通过社会性互动和协作来进行学习。

莱夫和温格最初关注的是成人学习者。他们提出的情境学习观点，也在成人教育中引起强烈的共鸣。但是他们也指出，情境学习"并不是一种教育形式，更谈不上是一种教学策略"，因而不太适用于学校教育。

但是在情境学习的理念提出之后，许多研究者还是特别重视"学与用相融合"的观点，并开发出了一些适用于学校教育情境的相应的教育方式，包括：在学校里设置作坊、厨房、温室、花园，把它们作为教室；在真实世界中进行角色扮演，如进行军事训练；开展实地考察旅行，如考古挖掘、在外国文化中进行参与性观察等；通过师傅带徒弟的方式让学生接受工作培训；在体育、音乐、艺术表演的实际情境中学习这些方面的知识和技能；等等。

情境学习的理论和实践探讨尚在发展之中，可以预见，在未来的几年中，情境学习与学校教育相结合的形式，还会不断被研究者和实践者开发出来。诸如英语、社会科学等学科的教学采用情境学习的方式，将有广阔的天地。

三、情境创设的一般原则

1. 诱发性原则

在创设教学情境时，一定要保证新设情境能激起学生的认知冲突，激发学生的积极思考。

2. 真实性原则

在创设情境时，一定要尽量使情境真实或接近真实，在现实生活中能找到。学生在"眼见为实"的丰富、生动、形象的客观事物面前，通过对情境相关问题的探究，完成对主题意义的建构。

3. 接近性原则

在课堂教学中，教师创设的情境要符合苏联著名心理学家维果茨基的"最近发展区"理论，创设问题的深度要稍高于学习者原有的知识经验水平，具有一定的思维容量和思维强度，需要学生经过努力思考，同化和顺应才能解决问题，也就是我们常说的摘果子时，须"跳一跳，才能够得着"。

4. 合作性原则

时代要求培养学生的集体观念、团队精神和合作能力，让他们学会交流和分享获得的信息、创意及成果，并在欣赏自己的同时，学会欣赏别人。教师在创设情境时，要考虑充分利用小组合作学习，让小组成员之间愉快地交流、协作，并共同克服学习中出现的困难。

5. 冲突和谐统一原则

教师在创设教学情境时，不仅要注重考虑师生之间的交流与合作，让学生大胆提出问题，使课堂"乱"起来，让课堂"活"起来，还要考虑师生之间的思维碰撞，让师生相互启发、诱导，达到融为一体、和谐共存的境界。

6. 层次性原则

学生的学习活动是一个从简单到复杂、由易到难循序渐进的过程。因此在教学中创设教学情境应尽可能依据学生的实际经验和认知，架设好学习的框架，有层次、有梯度，考虑好问题的衔接与过渡。

四、物理教学中情境创设的一般方法

在物理概念、规律和问题解决的教学中，必须首先给学生创设一个符合教学要求，借以引导、启发学生发掘问题、思考问题、探索事物的本质属性以及物理现象和过程的发生、发展和变化规律的物理情境，然后再引导学生提出探究的问题。

常见做法有如下几种。

1. 运用实验创设情境

物理本身是一门实验科学，其概念、规律原本就建构在实验提供的事实基础上，而在物理教学中运用实验就是给学生创设学习物理的良好环境，提供给学生鲜明具体的感性认识。生动、有趣、新奇和使学生感到意外的实验能够有效地激发学生的求知欲望。

案例1：

在人教版九年级第十四章第三节《大气压强》一节的引入时，让学生先做一个演示实验，将小试管套在装水的大试管中，口朝下倒过来。小试管上升，看到这样的现象学生都会非常惊奇，原以为会掉下来的小试管居然向上运动，到底是什么力使小试管上升呢？学生围绕感兴趣的问题进行积极的思考，可以大大激发学习大气压概念的兴趣。

案例2：

物理义务教育课程标准实验教科书（苏教版）九年级下册第十一章第二节《滑轮》的引入环节：让学生徒手制作简单的滑轮组，让一个女生与四个男生进行拔河比赛，在游戏实验中让学生动手动脑去实践感受滑轮组的"威力"，激发学生的好奇心和兴趣。

案例3：

人教版《物理》八年级下册第九章第二节《液体的压强》的引入：让学生用保鲜袋包住自己的一只手，然后缓慢地将手伸进水的不同深度处，体会手的感受？学生感受到：

（1）保鲜袋紧紧贴在手上。

（2）手伸入水中越深，保鲜袋贴得越紧。

（3）水从各个方向贴紧手。

教师根据"保鲜袋紧紧贴在手上"引导学生分析这说明了什么（液体内部有压强），再根据"手伸入水中越深，保鲜袋贴得越紧"引导学生思考液体压强的特点和大小可能与什么因素有关，从而引入课题。

案例4：

在学习人教版物理八年级下册第九章第三节《大气压强》时，先将一个剥去外壳的熟鸡蛋（图1-2-3-1）置于较蛋稍小的玻璃瓶口上，鸡蛋停在瓶口不动，接着拿去鸡蛋，将酒精棉花点燃后投入瓶内，燃烧片刻，使瓶内空气稀薄，再将鸡蛋置于瓶口上，会看到鸡蛋慢慢地被瓶子"吞入"，最后落入瓶中。面对这种意想不到的现象，学生不但立即产生了浓厚的兴趣，而且产生了主动探索其中奥秘的积极性[1]。

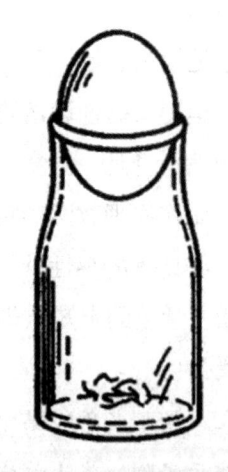

图1-2-3-1 一个剥去外壳的熟鸡蛋置于较蛋稍小的玻璃瓶口上

---

[1] 阎金铎，田世昆. 中学物理教学概论［M］. 2版. 北京：高等教育出版社，2003：101.

案例5：

义务教育课程标准实验教师教学用书八年级下册第八章第二节《电生磁》一节的引入：先给学生出示两个"黑盒"，然后用大头针靠近其中一个"黑盒"，发现大头针被吸引，学生猜想"黑盒"里是磁铁，教师揭秘，果然是一块条形磁铁；再用大头针靠近另一个"黑盒"，发现大头针也被吸引，学生猜想"黑盒"里是蹄形磁铁，这时教师揭开盒子，发现盒子里不是蹄形磁铁而是一个螺线管。学生惊讶，从而设置悬念引入课题。

通过观察实验让学生思考，引出"电生磁"，进而演示改变电流方向，让学生观察小磁针偏转方向，让学生思考并归纳出电流的磁效应规律。

案例6：

高中物理选修3-1第三章第三节《探究安培力》一节的引入：通过两块通有同向电流的锡箔相互吸引的神奇小实验，促使学生对神奇现象进行思考，激发学生的学习欲望，进而引入课题。

案例7：

在引入动量定理时，将一个生鸡蛋用棉线在其上围绕一周，再用透明胶带将打结处的两侧贴牢（图1-2-3-2）。把线的另一端跨过铁架上的钩子，像升旗一样把鸡蛋缓缓地升到铁钩下端，然后把线松开，让鸡蛋从高处落下。学生紧张而又意外地看到鸡蛋落下反弹起来，被教师捉住，紧接着教师将鸡蛋往桌面上轻轻一砸，使蛋汁流入玻璃杯内。然后教师提出问题："为什么鸡蛋从那么高处落下没有破碎，而在桌上轻轻一砸就壳破汁流呢？"运用这一实验，创造了一个愉快学习的环境，使学生的思维活动处于积极状态[1]。

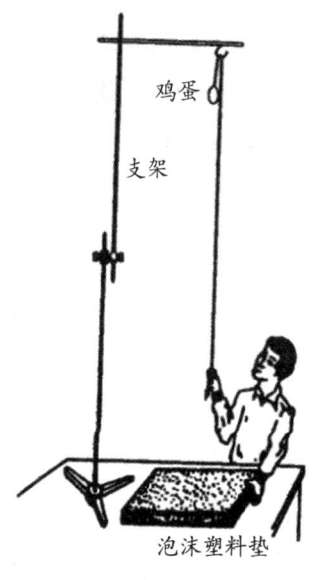

图1-2-3-2 动量定理实验图

---

[1] 阎金铎，田世昆.中学物理教学概论[M].2版.北京：高等教育出版社，2003：72.

案例8：

在进行"闭合电路欧姆定律"的教学时，准备两节新干电池，一个电动势为9V的内电阻较大的蓄电池组，一个伏特表，一个小灯泡，一个单刀双掷电键，若干导线。先用伏特表分别测干电池组的电动势（约3V）和蓄电池组的电动势（约9V），将小灯泡与干电池组并联，学生看到小灯泡发出白光。接着教师叫一个学生上台来，要学生将小灯泡与9V的蓄电池并联，这个学生很犹豫，下面的学生嚷开了："不能连上去，灯泡会烧坏的。""为什么会烧坏？"教师装傻。"因为3V的电池就让小灯泡发白光了，连在9V的蓄电池上肯定会烧坏！"学生的话似乎很有逻辑。"烧坏了不要你赔，连上去！"学生忐忑不安地将灯泡连在了9V的蓄电池上，结果灯泡不仅没有烧坏，反而比先前还暗一些。学生在下面嘀咕开了："怎么回事？不可能吧！……"可想而知，有了上面创设的问题情境，教师就可以有效地加以引导并展开"闭合电路的欧姆定律"的课题了。

2. 通过启发式设疑创设情境

设疑的过程便是激发学生思维、引导学生探究、充分发挥学生主体作用的过程。教师提出的问题要有针对性和启发性，在广度和深度上要循序渐进，要让学生在现有的知识水平下能够接受（太难容易使学生失去学习的激情，太浅又容易使学生失去探索的欲望）。

案例1：

人教版物理八年级上册第四章第四节《光的折射》一节的引入提出这样一个问题让学生先思考与讨论：渔民叉鱼时，为了更准确地叉到鱼，鱼叉是对准所看到的鱼还是对准鱼的下方或上方？

案例2：

在人教版物理八年级上册第六章第二节《密度》一课引入时，先将体积相同的实心铜块和铝块用纸包裹住，使学生不能从外表判断是铜还是铝，让学生猜测哪一块是铜块。

案例3：

在学习人教版物理八年级下册第九章第一节《压强》一节的内容时，提出：红军二万五千里长征，爬雪山、过草地时，为什么用扁担当滑板就不会陷到深雪里？为什么用较大的板铺放在必经的沼泽草地上，就能顺利通过？这样给学生制造一个悬念，既能使学生集中精神认真地听完这一节课，又能使学生感受革命前辈不屈不挠的革命精神。

案例4：

在《滑轮》一节教学时，教师通过启发性提问引导学生先观察，再通过分析比较得出定滑轮与动滑轮的定义和基本特点。

案例5：

在高中物理必修1"自由落体运动"的教学时，教师首先演示：把两个大小一样的纸片和金属片从同一高度由静止释放，请学生观察哪个先落到桌面上。观察的结果是金属片先落到桌面上。为什么金属片先落到桌面上？直觉告诉学生：因为金属片比纸片重。接着教师将纸片揉成很小的纸团后重复演示一次，结果这次是纸团先落到桌面上。剧烈的思维冲突开始了：到底是重的物体下落快还是轻的物体下落快？这个问题情境促使学生提出一系列问题：物体下落的快慢与物体的质量有关吗？如果没有空气阻力结果会怎样？这时教师再拿出抽成真空的钱毛管让一个学生上台亲自做实验，其他学生一定会瞪大了眼睛仔细观察。

案例6：

在进行《密度》概念教学时，教师可列举学生早已获得的铁比木头重、铅比铝重、水比汽油重等感性认识，引导学生比较集中地再现这些感性认识，然后提出问题："难道一个小铁钉比一根大木梁还重吗？难道一杯水比一桶汽油还重吗？"从而使学生认识到"重"这个词不能说明上述事实，那么应该怎样描述物质的这一性质呢？在此基础上，再引导学生通过一系列的思维加工，建立密度的概念。

3. 通过生动有趣的物理学史实或故事创设情境

学生在日常生活中，观察和接触过许多与物理概念有关的现象和事实，恰当地列举生活中的典型事例，可以创设良好的物理情境，唤起学生已有的感性认识，从而揭露现象背后的本质和规律。

案例：

学习人教版九年级物理全册第十二章《牛顿第一定律》第一节时，教师在引言中讲了这样一个故事：有一男一女两个青年同时乘坐同一辆公共汽车，女青年在前，男青年在后，突然在行驶汽车前边窜出一条狗，汽车紧急刹车，没有站稳的男青年撞在女青年身上，女青年回头骂了一句："瞧你那德性！"男青年回答说："这不是'德性'，是'惯性'。"故事讲完，课堂马上活跃起来，学生不但自己讨论出"惯性"是什么，而且还能应用到实际中解答一些问题。

4. 在对已有知识的分析、引申中创设情境

新概念和规律往往与已学过的概念、规律之间存在着有机的联系。抓住新旧知识间的联系，从已有知识出发，通过逻辑展开，把新概念和规律自然地引申出来，创设学习新概念和规律的良好物理情境。

案例1：

人教版物理八年级上册第五章第四节《眼睛与眼镜》一节，通过先让学生对已学的照相机成像知识的分析、引申引入新课，即让学生用照相机模型观察（远、近处）物体，然后教师再引导学生分析照相机成清晰像的方法（一是调节物距；二是调节像距；三是调节焦距），从而引入眼睛晶状体的原理。

案例2：

人教版高中物理必修2第八章《机械能守恒定律》的引入可通过以下一道练习题：

如图1-2-3-3所示，一个质量为2kg的物体在高空中由静止开始下落，经过离地面高度为20m的A点时速度为10m/s，经过离地面高度为5m的B点时速度为13m/s，请计算：

（1）物体在A点具有的动能和重力势能各是多少？动能和重力势能之和是多少？

（2）物体在B点具有的动能和重力势能各是多少？动能和重力势能之和是多少？

（3）比较物体在A点和B点的动能和重力势能之和（机械能），你发现了什么？

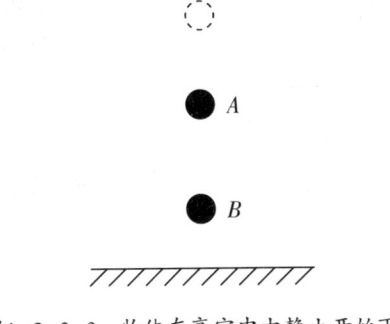

图1-2-3-3　物体在高空中由静止开始下落

本问题围绕本节课的"机械能守恒定律"这一核心知识展开，在此之前，学生已经学习了"动能定理"和"机械能"，能通过计算得出物体在A、B两点的机械能，但对判断"机械能是否守恒"，学生懂一些，能做一些，但又不全懂，对学生来说这个任务有一定的挑战性，激发了学生求知的强烈欲望。这就为机械能守恒定律的内容、适用条件和表达式等的理解创造了条件。

案例3：

人教版高中物理选修3-2第四章第三节《楞次定律》的引入如下[①]，

师：感应电流的产生条件是什么。

生：穿过闭合电路的磁通量发生变化。

师：请同学们看图1-2-3-4、图1-2-3-5这两个闭合电路中的磁通量都有变化，两个回路中都产生了感应电流，那么它们的感应电流方向如何？

生：图1-2-3-4中的电流方向用右手定则很容易判断，然而用它来判断图1-2-3-5中的感应电流就无能为力了。

---

① 阎金铎，田世昆. 中学物理教学概论［M］. 2版. 北京：高等教育出版社，2003：125.

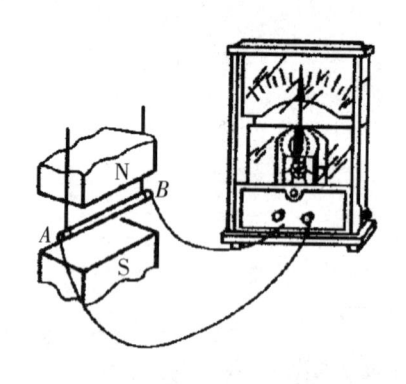

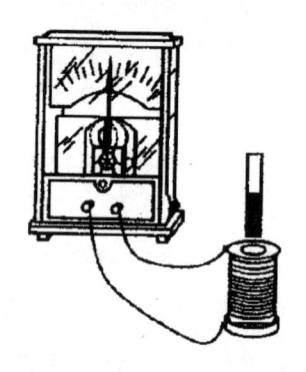

图1-2-3-4　闭合电路中的磁通量（1）　　　图1-2-3-5　闭合电路中的磁通量（2）

师：既然右手定则有局限性，那么我们能不能找到普遍适用的判断感应电流方向的方法呢？

在上述情境的基础上自然而然地引入楞次定律的探究。

此外，通过图表、幻灯、电影、电视、录像等方式也可以创设良好的物理情境。例如，在《电生磁》的引入时通过让学生观察电磁起重机吸起物体的录像视频，创设情境，引导学生思考为什么会产生磁场，等等。

下篇　案例评析

第三章

核心素养导向下概念课教学中的情境创设

物理概念学习是高中物理学习的重要内容之一，也是高中物理学习的基础。概念课教学中需要创设情境，帮助学生建构物理概念。一般学生在已有经验的基础上，对观察现象重新加工，通过具体的客观情境概括出事物的共同属性，抽象出本质特征，完成从经验性常识到物理概念的转变。本章结合几个典型案例说明物理概念教学中的情境创设。

案例1　速度变化的快慢、加速度

（粤教版高中物理必修1第一章第五节）

【内容分析】

加速度是力学中的重要概念，它是联系动力学和运动学的桥梁。本节课的重点是加速度的概念和物理意义，难点是加速度和速度、速度变化的区别。

加速度是比值定义的物理量：教材从速度变化的大小到速度变化的快慢引出加速度的定义，提出了速度变化率的概念。正确理解变化率的含义，对学习和正确理解其他用比值定义法得出的物理量具有非常重要的意义。

教学中教师要力争在学生的认知结构中建立"位置—位移（描述位置变化的大小和方向）—速度（描述位置变化的快慢和方向）—加速度（描述速度变化的快慢和效果）"的认知链。

【学情分析】

刚进入高中的学生仍处于从形象思维向抽象思维的过渡时期；这是一节概念课，加速度的概念不像质点等概念那样，质点的概念虽然抽象，但由于学生有直觉思维基础，还是比较容易理解的，而加速度这个概念具有"动态性"，对学生来说更加抽象，更加难以理解。

前一课时学习了速度的概念，学生学习了用比值法来描述一个物体的运动快慢（位置变化快慢），在本节课可以让学生回顾引出速度概念的过程，用类比方法迁移到加速度（速度变化快慢）的概念学习中来，这给学习加速度这一概念降低了难度。但由于学生抽象思维能力不强,对于速度、速度的变化、速度变化的快慢的区别很难分清;在学生的生活经验中,与加速度有关的现象不多,这更给学生形成和理解加速度的科学概念带来了难度。本节课准备通过生活中的一些实例,增强学生的感性认识,让学生在分析、推理的过程中体会物体速度的变化及速度变化的快慢,逐渐形成加速度的概念,进一步理解加速度的意义,培养学生的思维能力以及物理学习兴趣。

【教学目标】

(1)通过事例,引出生活中物体运动的速度存在加速和减速的事实,提出为了描述物体运动速度变化的快慢,引入了加速度概念。

(2)经历将生活中的实际上升到物理观念的过程,体会物理与生活的联系,加深对加速度的物理意义的理解,领会速度的"变化量与变化率"的含义和区别。

(3)通过多媒体课件感受生活实例中运动物体速度变化的快慢,以及类比法的探究推理,培养科学推理的能力。

(4)领会人类探索自然规律时严谨的科学态度,理解加速度概念的建立对人类认识世界的意义。

【教学重难点】

重点:正确理解加速度的概念和物理意义。

难点:加速度的方向、加速度和速度,速度的变化量和速度的变化率之间的区别和联系。

【教学用具】

课件、投影仪、讲义、多媒体平台。

【教学过程】

表2-3-1-1 "速度变化的快慢、加速度"教学过程

教学环节	教学内容	教师活动	学生活动	设计意图
回顾原有知识	1.位移——位置的变化（大小和方向）。 2.速度——位置变化的快慢（大小和方向）。 3.速度的变化如何表示？$\Delta v = v_t - v_0$	提问：什么是位移？如何表示位置的变化及方向？什么是速度？是如何引入的？	积极思考、回顾已学知识	温故知新：为类比引入加速度做思想铺垫
情境激趣 引入新课	通过观看飞机、汽车、摩托车的启动情境，感受速度变化的快慢情况。 教材第14页讨论与交流：比较谁的速度变化最大，谁的速度变化最小，谁的速度变化要快一些？ 问题1：飞机的速度一直都是200m/s，速度的变化量是零；汽车的速度的变化量是20m/s；运动员的速度的变化量是5m/s。那么速度变化最大的是谁呢？ 问题2：飞机的速度一直都是没有变化的，汽车的速度呢？它在20s内速度增加到20m/s，1s内变化多大？怎么算？ 问题3：大家再算出运动员1s内速度的变化，计算的结果是多少？ 问题4：如何去比较物体速度变化的快慢呢？ 结论：汽车的速度变化最大，而运动员的速度变化最快	教师提出问题并引导学生对提出的问题进行分组讨论，小组代表发表讨论结果。对学生的整个学习过程进行点评，表扬积极思考、结论正确的小组	观看视频。小组讨论、交流，总结出结论	通过讨论和思维冲突，使概念的引出顺理成章。 培养学生概念定义形成的思想和思维过程
总结归纳 形成概念	加速度： 1.定义：速度变化量与发生这一变化所用时间的比值，用字母a表示。 2.表达式： $a = \dfrac{\Delta v}{\Delta t} = \dfrac{v_t - v_0}{t}$	讲解加速度的定义、表达式、物理意义、单位和性质，强调加速度采用了比值定义法	积极思考	再次强化比值定义法，渗透物理思想方法

续 表

教学环节	教学内容	教师活动	学生活动	设计意图
总结归纳 形成概念	3.物理意义：表示速度变化快慢的物理量。 4.单位：m/s^2，读作"米每二次方秒"。 5.性质：矢量，方向跟速度变化量的方向一致			
创设情境 应用概念	思考以下问题： 1.$-2m/s^2$中负号表示什么意思？ 2.计算加速度时，一般取初速度为正，那么在这样的条件下，加速度的正负表示什么？ 3.物体的加速度和速度满足什么关系，物体就是加速运动？反之就是减速运动？ 4.下列说法正确的是： A.物体速度越大，加速度越大 B.物体速度变化越大，物体的加速度越大 C.物体的速度变化越快，加速度越大 D.物体的加速度为负，物体肯定做减速运动 E.物体的加速度减小，速度也减小 结论： 　　加速度的负号表示方向，不表示大小。当加速度与速度方向相同时，物体做加速运动；当加速度与速度方向相反时，物体做减速运动。 　　加速度实质就是速度的变化率，表示的是速度变化的快慢；速度大或者速度变化量大，加速度不一定大，要注意区分速度、速度变化量、速度变化率三者之间的关系	引导学生思考并适时点拨。 巡回看学生完成情况，进行个别提醒、点拨。 引导学生总结得出结论	积极思考并讨论。 尝试通过上述四道题总结结论	让学生学会对概念的内涵、外延进行深刻理解，并把加速度的概念系统化，纳入学生原有的知识结构

续表

教学环节	教学内容	教师活动	学生活动	设计意图
创设情境 应用概念	典型例题： 例：飞机的速度由0增加到300km/h（相当于83m/s），飞机的速度变化了多少？若这一变化所用时间为30s则飞机的加速度为多少（飞机速度平均每秒增加多少）？（83m/s，2.77m/s²） 课堂训练： 1.一个乒乓球在水平面上运动，以5m/s的速度与竖直墙面垂直相撞后再以5m/s的速度反弹。如果碰撞时间为0.02s，那么加速度为多少？（-500m/s²） 2.一辆在平直公路上行驶的汽车刹车，速度由10m/s变到4m/s用时3s，那么汽车的加速度为多少？（-2m/s²） 3.迫击炮射击时，炮弹在弹筒中的速度在0.005s内就可以从0增加到250m/s，这时迫击炮的加速度为多少？（50000 m/s²）	教师讲解 对学生做题情况做出点评；让三个学生在黑板上做题	积极思考和参与	
师生参与 小结提升	1.加速度定义：速度变化量与发生这一变化所用时间的比值。 2.公式：$a=\dfrac{\Delta v}{\Delta t}=\dfrac{v_t-v_0}{t}$。 3.物理意义：表示速度变化快慢的物理量，是矢量。 4.单位：m/s²，读作：米每二次方秒。 5.当$v_0>0$，$a>0$时，则为加速运动；当$v_0>0$，$a<0$时，则为减速运动			

【教学反思】

本课是加速度概念的习得课，通过几个真实的生活情境，引出生活中物体运动速度的变化，提出为了描述物体运动速度变化的快慢，必须引入加速度的概念，并由此激发学生的学习兴趣，进而通过讨论与交流，让学生了解速度大小、速度变化与速度变化的快慢三者之间的差别，为学生理解加速度的定义打下基础，紧扣"位置变化的大小和方向——位移，速度变化的快慢和方向——加速度"的认知链，让加速度的引入自然形成。

在解决了引入加速度概念的问题后，直接给出加速度的定义，然后通过具体的事例让学生更好地理解加速度的概念。另外，对加速度的计算中的注意点也进行了强调，使学生进一步加深对加速度的理解，较好地完成了本节课的教学目标。

（广州市花都区邝维煜纪念中学　樊观平）

案例2 超重和失重

（粤教版高中物理必修1第四章第六节）

【内容分析】

超重和失重既是牛顿运动定律的应用，又是日常生活中常见的物理现象，它还是当今宇宙开发中面临的重要问题。教材中安排这一节，既能进一步巩固学生学习过的受力分析、牛顿运动定律等知识，又能增强物理知识与日常生活、宇宙开发的联系，同时激发学生学习物理的兴趣，培养学生爱科学、学科学、用科学的思想热情。所以超重和失重在学完牛顿第二定律后单独作为一节提出来，在内容上没有什么新知识，整体上看类似于一节习题课，但又有不同：一方面，通过超重和失重的具体分析巩固了牛顿第二、第三定律；另一方面，与生活实际、科学应用联系较多，激发学生的学习热情。

【学情分析】

学生已经学完牛顿运动定律，并能解决简单的问题，但是缺乏在实际情境中的应用，对规律的理解还比较抽象。本课创设与学生生活密切相关的情境，通过情境问题的分析和解决，建构超重和失重的概念，有助于学生科学思维能力和解决问题能力的培养。

高一学生对新事物的理解比较片面，由感性认识上升到理性认识需要在学习的过程中领悟。本节课让学生掌握真实情境分析的一般方法，为以后的学习奠定基础。

【教学目标】

（1）创设情境让学生体验超重和失重现象，理解产生超重和失重现象的条件，并应用牛顿运动定律分析、解释生活中的超重和失重现象，逐步形成相互作用的观念。

（2）学生通过观察物理现象和实验探究，提高模型建构、科学推理能力，逐步掌握比较、分析和归纳的科学思维方法。

（3）学生通过探究活动，养成细心观察、勤于思考、相互交流的学习习惯，并培养实事求是的科学精神和合作精神。

【教学重难点】

重点：超重和失重现象及其产生的条件。

难点：产生超重和失重现象的条件，运用牛顿运动定律对超重和失重现象进行分析。

【教学用具】

弹簧秤、钩码、下面扎孔的塑料瓶、多媒体教学课件。

【教学过程】

表2-3-2-1 "超重和失重"教学过程

教学环节	教学内容	教师活动	学生活动	设计意图
回顾原有知识	1.牛顿第二定律的内容。 2.牛顿第三定律的内容	提出问题： 1.牛顿第二定律的内容是什么？ 2.牛顿第三定律的内容是什么？	思考回答	温故知新
情境激趣引入新课	1.坐过山车的体验。 2.人站在台称上下蹲，示数有变化。 3.视频：宇航员在天宫一号里的生活情境	1.提问哪些学生曾经坐过过山车，让学生说出体验。	回顾体验，观看视频	引发学生的学习兴趣，让

续 表

教学环节	教学内容	教师活动	学生活动	设计意图
情境激趣 引入新课		2.台称示数有变化,人的体重变了吗? 3.播放视频:宇航员为什么能悬空打坐?		学生带着问题学习
实验探究 习得概念	超重和失重现象: 实验1:学生手托着书上下运动,感受超重与失重现象。 实验2: (1)弹簧秤挂着钩码上下匀速运动。 (2)弹簧秤挂着钩码突然向上加速运动和弹簧秤挂着钩码突然向下减速运动。 (3)弹簧秤挂着钩码突然向下加速运动和弹簧秤挂着钩码向上减速运动。 钩码重力_____。 {表格:弹簧秤与钩码运动情况 / 秤读数(N) / 拉力N与重力G的大小关系 / 受力分析图 / v方向 / a方向} 上升过程:加速上升 N_G;匀速上升 N_G;减速上升 N_G (竖直向—) 下降过程:加速下降 N_G;匀速下降 N_G;减速下降 N_G (竖直向—)	1.引导学生注意观察弹簧秤指针的变化。	通过简单的实验,对超重和失重有感性的认识。 四人小组实验,完成表格内容。 思考、分析、总结得出规律	激发兴趣,由此引出超重和失重的概念。 实验探究增强学习兴趣,加深对现象实质的理解

续表

教学环节	教学内容	教师活动	学生活动	设计意图
实验探究 习得概念	学生思考四个问题，交流讨论： 1.读数有时大有时小，难道钩码的重力变了吗？ 2.如果钩码的重力没有变化，那么弹簧秤直接测量的是钩码的重力吗？ 3.弹簧秤直接测量的如果不是钩码的重力，那么它直接测量的是什么力呢？ 4.究竟是什么原因引起了弹簧秤读数的变化？ 得出：读数是弹簧秤受到的拉力。 超重：物体对支持物的压力（或对悬挂物的拉力）大于物体所受重力的情况称为超重。 失重：物体对支持物的压力（或对悬挂物的拉力）小于物体所受重力的情况称为失重	2.提出问题：钩码的重力变化了吗？ 弹簧秤的示数为什么会变化？ 教师引导学生得出概念	学生利用表格数据思考四个问题，并交流讨论	为总结超重、失重发生的条件做铺垫
	超重和失重的产生条件： 提出问题：超重失重与哪些量有关？学生通过实验，分析实验结果，讨论，总结得出：超重和失重与加速度有关，且加速度向上，处于超重状态，加速度向下，处于失重状态	教师引导学生利用实验得出超重和失重的产生条件		
	探究超重、失重的原因（从动力学角度分析）： 对钩码受力分析：钩码受重力和拉力。 （1）$a=0$：$T=mg$，无超重与失重现象。 （2）a向上：$T-mg=ma$，$T=mg+ma>mg$，超重。 （3）a向下：$mg-T=ma$，$T=mg-ma<mg$，失重； 当$a=g$时：$T=0$，完全失重	提出问题：究竟是什么原因引起了弹簧秤读数的变化呢？ 回应课前视频的问题：宇航员完全失重		复习应用牛顿定律解决问题的方法，体验用物理知识解决生活问题

续表

教学环节	教学内容	教师活动	学生活动	设计意图
创设情境 应用概念	练习1：一个盛满水的饮料瓶，在底部钻几个洞，静止在手中时，水会流出。如果突然松手，让饮料瓶自由下落，会观察到什么现象？ 练习2：一个小孩站在升降机中，升降机的运动情况如下时，判断超重、失重的情况。 A.电梯加速上升 B.电梯减速上升 C.电梯加速下降 D.电梯减速下降 练习3：一个质量为40kg的小孩站在升降机中的体重计上。（取$g=10m/s^2$） （1）当升降机以$0.5m/s^2$的加速度加速上升时，体重计的读数为（　　）N。 （2）当升降机以$0.5m/s^2$的加速度加速下降时，体重计的读数为（　　）N	教师演示实验	观察实验，思考现象。动手解题	的过程，增强学生的兴趣，加深学生对知识的理解。让学生体会用物理知识解决生活问题的乐趣
师生参与 小结提升	1.超重与失重的概念。 2.超重和失重的特点。 超重：具有向上的加速度。 失重：具有向下的加速度。 3.超重与失重现象的判断			

【教学反思】

本课是一节概念习得课，物理概念的形成是由现象到本质的过程。让学生不是机械地记住超重和失重现象，而是真正理解超重和失重的实质是这节课的重点和难点。本课创设学生手拖着书，自己体会书对手的压力变化的情境和太空宇航员的生活情境，增加学生对超重失重的感性认识。学生分组实验，弹簧秤提钩码运动过程中力的动态变化和弹簧秤示数变化帮助学生猜想产生超重与失重的条件，最终学生在探究中获得了超重和失重的概念，得出产生超重与失重的条件，并利用习题情境深化对概念的理解。教师主导，学生主体参与实验探究，亲身经历了概念形成的过程，达到了良好的教学效果。

（广州市花都区邝维煜纪念中学　商显照）

案例3　向心力

（粤教版高中物理必修2第二章第二节）

【内容分析】

《普通高中物理课程标准（2017年版）》中关于这节课的要求是：知道匀速圆周运动向心加速度的大小和方向；通过实验，探究并了解匀速圆周运动向心力的大小与半径、角速度、质量的关系；能用牛顿第二定律分析匀速圆周运动的向心力。

本节课是从动力学的角度研究匀速圆周运动的，这部分知识是本章的重点和难点，也是学好圆周运动的关键点；是解决圆周运动实例分析问题所需的知识，也是学习第三章《万有引力定律及其应用》和带电粒子在匀强磁场中的运动的知识基础。教材的编排思路很清晰，先从身边的事例出发，让学生体验做圆周运动的物体需要有一个指向圆心的力，从而引出向心力的概念。

【学情分析】

通过前面的学习，学生已经对牛顿第二定律、角速度、线速度及其相互关系有了足够的认知，并且熟练掌握了受力分析的方法，能独立完成对物体的受力分析，具备了处理问题的一般思路、方法。

高一年级的学生普遍好奇心强，思维具有一定的独立性，能结合观察到的现象得出自己对"指向圆心的合力"的理解，并敢于发表自己的看法；由于错误的经验或者说是思维定式，学生往往认为向心力是一种新的力，因此理解

"向心力不是一种新的力，而是根据作用效果命名的力"（向心力的来源）对学生来说，将是个难点。

【教学目标】

（1）培养相互作用观念，了解向心力的概念，知道向心力是根据力的效果命名的，知道向心力的大小与哪些因素有关，并能用来解决简单的实际问题。

（2）通过对向心力大小与哪些因素有关的探究，熟悉科学探究的一般过程：问题—证据—解析—交流。

（3）在尝试解决"生活中的向心力"的问题的过程中，逐步提高学生的模型建构能力。

（4）联系生活和生产实际，拉近科学与学生的距离，使学生感受到科学就在他们身边和科学的重要性。

【教学重难点】

重点：理解向心力和向心加速度的概念。

难点：能在实际情境中找出"生活中的向心力"。

【教学用具】

多媒体平台；分组实验器材：轻绳拴、不同质量的小球；向心力演示器。

【教学过程】

表2-3-3-1 "向心力"教学过程

教学环节	教学内容	教师活动	学生活动	设计意图
情境激趣 回顾知识	播放图片：飞车走壁，过山车	用图片回顾旧知识，为新课引入和新知识的应用创设情境	观察图片，思考问题	通过让学生观看图片和演示趣味实验，设置问题，激发学生的求知欲望，使学生

续表

教学环节	教学内容	教师活动	学生活动	设计意图
情境激趣 回顾知识	设问1：图片上的物体做的是什么运动？（圆周运动） 设问2：最简单的圆周运动是什么？（匀速圆周运动）			主动思考、主动学习，也为以下的实例分析做铺垫
实验探究 引入新课	演示小实验： 轻绳拴一小球，在光滑水平面内做匀速圆周运动，忽然松手，小球沿切线方向飞出。 设问：轻绳拴着的小球能做匀速圆周运动，为什么松手后就不能呢？	1.演示小实验。 2.用提问的方式让学生思考向心力的特点，从而引出新概念	1.观察演示实验。	

续表

教学环节	教学内容	教师活动	学生活动	设计意图
实验探究 引入新课	归纳：根据物体做曲线运动的条件，物体能够做匀速圆周运动，一定需要与速度方向时刻垂直的合力的作用。这个力只改变物体的速度方向，不改变速度大小。时刻与速度垂直指向圆心，我们按这个力的作用效果称它为向心力		2.在老师的引导下回答问题，并体验用已有知识分析问题的方法	
归纳总结 习得概念	向心力： 1.定义：物体做圆周运动时，沿半径指向圆心方向的合外力称为向心力。 2.方向：力的方向时刻沿半径和速度方向垂直。 3.大小： （1）定性探究：感受向心力的大小与什么有关。 ①猜想与假设：需要的向心力大小与哪些因素有关？ [学生猜想需要的向心力大小（$F_{向}$）可能与质量（m）、角速度（ω）、线速度（v）、半径（r）等有关。]	1.引导学生学习新的物理量的内容：定义、大小、方向、物理意义等多个方面。	1.掌握描述概念的几方面的内容。	1.中学物理教材中的实验多为验证性实验，探索性实验较少。基于以上认识在本节课的教学中依据美国心理学家布鲁纳的"发现学习"的教学思想，采用了指导—完成分

续表

教学环节	教学内容	教师活动	学生活动	设计意图
归纳总结 习得概念	实验方法：控制变量法。 ②教师提供器材，引导学生研究方法，设计简单的探究实验。 填写表格： | m、ω不变	r越大，$F_{向}$越大 | |---|---| | m、r不变 | ω越大，$F_{向}$越大 | | ω、r不变 | m越大，$F_{向}$越大 | 结论：m、r、ω越大，$F_{向}$越大。 （2）定量探究：向心力（$F_{向}$）与质量（m）、线速度（v）、半径（r）之间的关系。 教师介绍"向心力演示器"的构造，然后播放实验视频。 精确的研究表明，向心力大小的公式为$F_{向}=\dfrac{mv^2}{r}$。 要求学生结合上式根据线速度与角速度的关系$v=\omega r$，再推导向心力的另一表达式 $F_{向}=m\omega^2 r$，并从理论上解释定性探究实验的结论。 向心加速度： 引导学生分析：根据力是产生加速度的原因可知，做圆周运动的物体，在向心力F的作用下必然要产生一个加速度。根据牛顿第二定律得到：这个加速度的方向与向心力的方向相同，始终指向圆心，所以称为向心加速度。向心加速度的作用效果与向心力的作用效果一样，只改变速度的方向	2.引导学生进行分组实验和观察演示实验 3.引导学生通过牛顿第二定律推导向心加速度，并强调向心力与向心加速度的公式的使用范围	组实验和观察演示实验，通过思考讨论得到向心力的表达式。 3.回顾牛顿第二定律的内容。 4.推导向心加速度公式	探究式教学模式。 2.采用分组实验和讨论法，让学生亲自体验；通过实验探究来猜想向心力大小的影响因素和得出它们的定量关系；激发了学生的学习兴趣，调动了学生的主动性和积极性，增强了学生的合作意识。 3.学生经历了"提出问题→猜想与假设→设计实验→实验探究→分析与论证→交流与合作→得出结论"等一系列过程，亲身体会了科学探究的过程。

续表

教学环节	教学内容	教师活动	学生活动	设计意图
归纳总结 习得概念	启发学生根据牛顿第二定律和向心力的公式推导向心加速度的计算公式： $a=\dfrac{v^2}{r}$ 或 $a=r\omega^2$ 强调向心力与向心加速度的公式的使用范围：不仅适用于匀速圆周运动，而且适用于一般的曲线运动。 总结归纳：匀速圆周运动是一种加速度大小不变但方向在不断变化的变速运动		了解向心力与向心加速度公式的使用范围	4.通过定量实验增强学生对结论的记忆。 5.借助牛顿第二定律的理论演绎推理和知识回顾迁移，得到向心力的概念及其表达式
创设情境 应用概念	对向心力的进一步理解： 思考探究： 比较小球在光滑水平面内做匀速圆周运动和小球做圆锥摆运动，请思考：小球在两种情况下做匀速圆周运动需要向心力，那么哪些力来提供向心力呢（$F_{供}$）？ 1.小球在光滑水平面内做匀速圆周运动： 2.小球做圆锥摆运动：	1.引导学生分析、认识向心力的来源。	1.复习受力分析的步骤，分析力的合成法和分解法。 2.总结向心力不是物体实际受的新的力，是效果力。 3.思考并在老师的引导下总结解决匀速圆周运动问题的步骤	1.具体施教中，建立物理模型，要求学生动手画受力分析图，确定向心力。 2.通过由特殊到一般的理论演绎，对向心力的概念有进一步的了解。

续 表

教学环节	教学内容	教师活动	学生活动	设计意图
创设情境 应用概念	（图：绳系小球圆锥摆，标注 T、$T_合$、G） 引导学生总结： （1）向心力不是物体实际受的新的力，而是按物体的具体实际运动效果来命名的力，受力分析时不要多分析一个向心力。物体做圆周运动时所需要的向心力是由物体所受的一个力的分力或者几个力的合力来提供的。 （2）对于匀速圆周运动，合力提供物体做圆周运动的向心力；对于非匀速圆周运动，其合外力不指向圆心，它既要改变线速度的大小，又要改变线速度的方向，向心力是合外力的一个分力 生活中的向心力： 交流与讨论：分析以下情境中物体做圆周运动的向心力来源。 （图：圆柱体以角速度 ω 转动；小车在球面顶部）	2.引导学生对向心力的概念进行更深入的研究		3.通过具体实例，应用规则—例法—例法强化—高级规则—解决问题

67

续表

教学环节	教学内容	教师活动	学生活动	设计意图
创设情境 应用概念	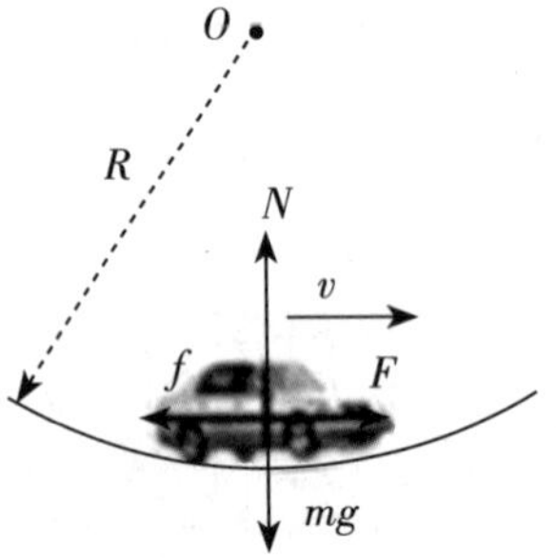 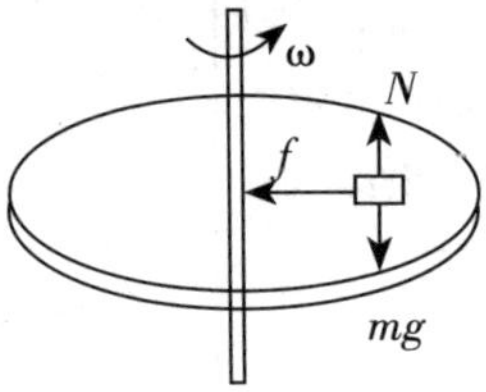 引导学生总结解决圆周运动向心力来源问题的步骤： （1）明确研究对象，确定它在哪个平面内做圆周运动，从中找出圆心和半径。 （2）对研究对象进行受力分析，确定是哪些力提供了向心力			
	课堂训练： 1.下图所示为质点 P、Q 做匀速圆周运动时向心加速度随半径变化的图线，表示质点 P 的图线是双曲线，质点 Q 的图线是过原点的一条直线。由图线可知（ 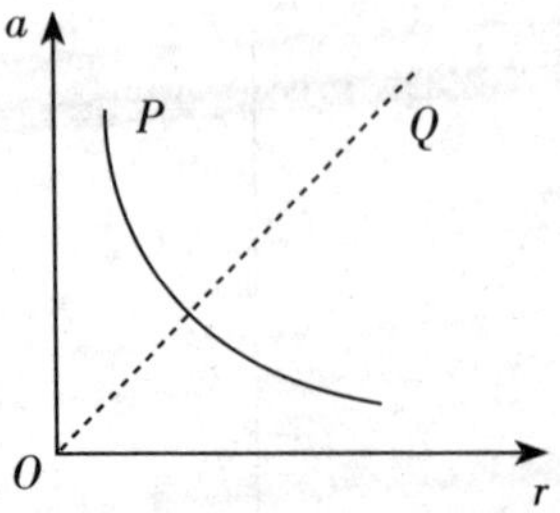　　）	给予充足的时间让学生完成练习，巡堂答疑	独立完成问题，再分组讨论，反馈问题	在课堂上强化对基本概念的理解

68

续表

教学环节	教学内容	教师活动	学生活动	设计意图
创设情境 应用概念	A.质点P的线速度不变 B.质点P的角速度不变 C.质点Q的角速度不变 D.质点Q的线速度不变 2.一列火车质量为500t，拐弯时沿着圆弧形轨道前进，圆弧半径为375m，通过弯道时车速为54km/h，火车所需要的向心力是多大？产生的向心加速度是多大？ 3.质量为m的汽车以速度v经过一个半径为R的拱形桥，行驶到最高点时，汽车对桥面的压力是多大？			
师生参与 小结提升	1.学生回顾本课的探究过程：发现问题→进行猜想→探索研究→得出结论→指导实践。教师指明这是研究物理的基本思路。 2.总结本节课学习的具体内容	以问题的形式进行小结	学生回答并概括所学知识	以问题的形式小结，使学生的思维品质得到较高层次的发展，形成新的知识结构

【教学反思】

　　本课是一节向心力和向心加速度的概念习得课。依据美国心理学家布鲁纳的"发现学习"的教学思想和遵循高一学生的心智发展水平，在教学中创设了多个情境，采用实验观察，感受向心力；通过实验探究，得出向心力大小，用视频实验得到向心力的公式；再由理论探究推出向心加速度的表达式；再引导学生总结归纳向心力是效果力，会计算简单情况下物体所受的向心力的大小；最后用练习强化概念理解，用作业巩固能力和技巧。这也是新课程的编写意图，突出概念教学的物理过程，降低数学推理要求。这样，将知识难点的信息传递过程延长，有利于学生接受新知识。

（广州市花都区邝维煜纪念中学　张春梅）

案例4 电 阻

（人教版九年级第十六章第3节）

【内容分析】

本节内容是人教版（2013年版）《物理》九年级上册第十六章第三节《电阻》的第一课时，要求学生在了解导体电阻的基础上，探究决定电阻大小的因素，在探究的过程中学会控制变量的物理研究方法。本节课既是前面电学知识的延续，同时也为后面学习变阻器、欧姆定律等知识奠定了基础。

【学情分析】

学生已经学习了电流和电压的概念，并通过实验建立了判断电流大小的方法，学生可以通过小灯泡的亮暗程度来判断电路中电流的大小。本节课要研究的是电阻的大小，即导体对电流阻碍作用的大小，学生通过转化法，可以直观地判断电流的变化。有了电流的变化的概念，学生再分析其原因，得出电阻的概念就水到渠成了。

【教学目标】

（1）建立电阻的概念，知道电阻是导体本身的一种性质，建立电阻形成的物理观念。

（2）能在实验研究的基础上理解电阻的大小与导体的材料、长度、横截面积及温度有关；体会用控制变量法探究电阻大小与哪些因素有关，积极动手进行实验。

（3）通过实验，养成初步的观察、实验能力，初步的分析、概括能力以及应用物理知识解决实际问题的能力，培养学生的科学探究能力。

（4）通过实验，让学生体验科学探究的乐趣和方法，领悟科学的思想和精神。

（5）让学生在共同的探究活动中养成协作意识。

【教学重难点】

重点：电阻概念的建立，探究决定电阻大小的因素。
难点：探究决定电阻大小的因素。

【教学用具】

教师准备：自制铅笔手画导线电路、自制多媒体课件、干电池3节（1.5V）、电流表1块、小灯泡（2.5V）1个、发光二极管1个、日光灯丝1根、开关1个、铅笔1支、铜导线、镍镉合金线。

学生分组：电流表1块、小灯泡一个、金属丝、各种导体、各种规格的电阻丝、导线、开关。

【教学过程】

表2-3-4-1 "电阻"教学过程

教学环节	教学内容	教师活动	学生活动	设计意图
激趣导入	复习导体和绝缘体的概念	课前检测： 1.容易导电的物体叫_____，如：_____。 2.不容易导电的物体叫_____，如：_____。 情境创设： 在一个电路上，用铅笔画两段导线，问学生：当我把电路接通时，电路中的灯能否发光？	做课前检测。 思考并回答：能或不能	温故知新。学生做实验都是用金属导线，没见过用画出的导线直接连电路，这个实验可以引起学生极大

续表

教学环节	教学内容	教师活动	学生活动	设计意图
激趣导入	复习导体和绝缘体的概念	提问：请用你身边的或身上的物体把电路接通，看看发光二极管能否发光。 教师开始一个一个地叫学生上台，当学生用导体连接时，二极管发光，如下图。当发现有学生用自己的手指把电路接通时，抓住这个兴奋点	学生陆续走到黑板前，用各自的物体把电路连接起来。当有人用手指实验成功后，一个又一个学生争相上去体验，然后手拉手一起把电路接通	的兴趣，让学生一开始便被课堂深深吸引，从而认真观察、思考，为电阻大小与材料有关的猜想做铺
	引导学生上台连接石墨电路	继续问：还有谁想把自己连入这个电路。当上来的人数较多时，说一个一个试太浪费时间，大家手拉手一起试，观察二极管能否发光，并将发光程度与之前的进行对比。 体验完后，教师解释为什么用铅笔画的电路也能让二极管发光：因为铅笔的主要成分是石墨，石墨是导体。 接着说：既然画的导线也能行，那我就用铅笔把电路连起来。先画一条线，让学生观察灯是否发光。 结果灯不发光。这时教师把线加粗，再观察现象。 回顾刚才的画线过程提出问题： 刚才画一根线的时候灯为什么不亮？路已经通了，不亮说明电流太小。证明导体对电流有什么作用？	认真听老师讲解。 观察老师操作并观察二极管是否发光。发现一条线时灯不发光。 继续观察，当老师把线加粗时，灯逐渐亮了起来，而且线越粗灯越亮	为电阻的大小与长度有关的猜想做铺垫。 为电阻的大小与横截面积有关的猜想做铺垫

续表

教学环节	教学内容	教师活动	学生活动	设计意图
激趣导入	引导学生上台连接石墨电路	当路越来越宽时，通过的电流变大，说明导体的阻碍作用变小了	思考并回答：有阻碍作用	引出电阻的定义
	得出电阻的概念	顺势指出：导体对电流的阻碍作用就叫作电阻。我们这节课一起来学习电阻的相关知识		
引入概念	归纳电阻的定义、单位及元件实物图和电路符号	教师在黑板上板书电阻的定义、字母符号、元件符号及单位。 1.物理学中用电阻来表示导体对电流阻碍作用的大小。电阻通常用字母R表示。元件符号是 —▭—。 2.电阻的单位是欧姆，简称欧，符号是Ω。比较大的单位有KΩ、MΩ，它们的换算关系是$1K\Omega=10^3\Omega$，$1M\Omega=10^6\Omega$。 走向社会：多媒体展示常用的电阻器。	记录电阻的定义、字母符号、元件符号及单位。 了解生活中的电阻元件	认识电阻，建立概念。 通过物理在社会生活中的应用，体现从生活走向物理，从物理走向社会
	猜想影响电阻大小的因素	回顾刚才用铅笔接通电路的过程：刚才的实验中，当我们画的电路变化时，灯的亮度也发生了变化。亮度发生变化，说明通过灯泡的电流发生了变化，那么电流变化，就是由于这个地方的什么发生了变化？	思考并回答：电阻发生了变化	

73

续 表

教学环节	教学内容	教师活动	学生活动	设计意图
引入概念	猜想影响电阻大小的因素	提出问题： 电阻的大小与什么因素有关呢？你们猜猜。 教师把学生的猜想写在黑板上。 针对每一个猜想，教师让学生说出他猜想的依据，教师进行点评	根据刚才的实验，提出各自的猜想：与材料、长度、横截面积有关。 学生说出各猜想相应的依据	引出学生对问题的猜想
引入概念	探究影响电阻大小的因素	分组探究： 安排第一大组探究电阻与材料的关系，第二大组探究电阻与长度的关系，第三大组探究电阻与横截面积的关系。 实验前明确： 1.设计电路图。 2.实验方法：控制变量法。 先不做过多关于控制变量法的说明，等展示阶段再由学生详述。 3.连接电路时的注意事项	实验前先设计电路图。用电流表的示数间接反映电阻大小。 理解控制变量法。 开关要断开	培养学生设计电路图的能力。 落实实验方法、实验安全教育
实验探究	展示实验现象，得出实验结论	学生进行实验，把实验数据和结论填在下表中。 | 材料 | 长度（cm） | 横截面积 | 电流（A） | 电阻（大或小） | |---|---|---|---|---| | | | | | | | | | | | |	按照电路图连接实物电路，把实验数据记录到表格中	动手实验，体验控制变量法的应用
实验结果汇报展示		实验结果展示： 选派几组学生，拿着展示卡，通过投影展示实验结果，并说明是如何应用控制变量法进行实验的	举手上台展示实验结果并说明如何应用控制变量法	锻炼学生的语言组织能力，体现物理核心素养

续表

教学环节	教学内容	教师活动	学生活动	设计意图
得出实验结论	展示实验现象，得出实验结论	得出结论： 实验结论1：导体的电阻的大小与材料有关。长度、横截面积相同，镍铬合金比锰铜合金的电阻大。 实验结论2：导体的电阻的大小与长度有关。材料、横截面积相同，导体越长，电阻越大。 实验结论3：导体的电阻的大小与横截面积有关。材料、长度相同，横截面积越大，电阻越小。 探究电阻与温度的关系。 各小组把事先准备好的灯丝接入电路，闭合开关后，用打火机加热灯丝，观察灯泡的亮度及电流表的示数变化。 提出问题： 通过实验现象，你能得出什么结论？ 实验结论4：对大多数导体来说，温度越高，电阻越大。但也有少数导体，电阻随温度的升高而减小	学生分析数据，思考后总结实验结论。 学生观察现象。 随着温度的升高，灯的亮度变暗，电流表的示数变小。 学生思考后回答： 导体电阻受温度影响，温度越高，电阻越大。	得出实验结论。 探究电阻的大小与温度的关系，为引出超导体做铺垫

75

续表

教学环节	教学内容	教师活动	学生活动	设计意图
得出实验结论	通过电阻与温度的关系，引出超导体的概念	提问：若温度降低，导体的电阻会怎样呢？播放液氮中导体电阻变小的视频，顺势提问： 若温度持续降低，那导体电阻就持续变小，当温度低到某一值时，导体的电阻就会变为0，这种现象叫超导现象，这种导体就叫超导体。 简单介绍超导体的应用价值，及现阶段超导体的研究成果。目前还没开发出常温下能用的超导体，希望同学们以后在常温超导体的开发上做出杰出贡献。 目前，我们已经学了导体、绝缘体、超导体，其实还有一些物体，导电能力介于导体和绝缘体之间，叫作半导体。硅、锗等就是常见的半导体材料。二极管、三极管、集成电路就是用半导体材料做成的	观看视频。了解温度降低导体电阻变小。知道超导现象和超导体	了解半导体。引出超导体的概念。引出半导体的教学，激励学生展望未来，为物理和社会发展做出贡献
课堂总结		归纳总结： 导体电阻的大小与材料、长度和横截面积都有关；同种导体的长度越长、横截面积越小，其电阻值越大。电阻的大小还与导体的温度有关，大多数导体温度越高，电阻越大。 所以，导体的电阻是导体本身的一种性质，它的大小与导体的材料、长度、横截面积和温度有关。 半导体：导电能力介于导体和绝缘体之间。 超导体：电阻为0	归纳总结本节课所学知识	课堂小结

【教学反思】

本节课以一个用铅笔画的导线使发光二极管发光的实验导入，能够激发学生兴趣，提高其注意力，同时建立愉悦的课堂气氛。实验前对学生的猜想设置铺垫，巧妙而有趣，看似很随意其实有目的。在画导线亮灯的实验中，让学生随意用身边的物品把电路连通，可引导学生猜测电阻的大小可能与材料有关；

在几个人手拉手把电路接通的实验中,可引导学生猜想电阻的大小可能与导体的长度有关;通过画一根细线连接电路无法亮灯,而把导线画粗后灯便亮了的实验,引导学生猜想电阻的大小可能与横截面积有关。在探究影响电阻大小的因素时采用控制变量的方法,引导学生通过所做的实验来体会控制变量法,实现物理方法的教学。实验时,给学生提供了多种器材,实行开放性教学,倾听学生的思路,并适时加以点拨,培养学生的创新思维和创新意识。通过做加热灯丝的实验让学生体会电阻的大小与温度有关,温度越高电阻越大,然后反向思维,播放在温度极低的液氮环境中,电阻突然变小的视频,然后假设温度继续降低,电阻将会变成零,从而引出超导现象和超导体,巧妙而生动。

(广州市花都区秀全街雅正学校　李安发)

案例5　浮　力

（人教版八年级第十章第1节）

【内容分析】

本节内容是在学习了重力、弹力、摩擦力的基础上，学习一种新的力——浮力。教材首先通过鸭子、轮船等物体能浮在水面上，让学生认识到浮力是真实存在的，并通过实验渗透一种测量浮力大小的方法：称重法。然后通过实验探究，帮学生理解影响浮力大小的因素，为得出阿基米德原理奠定基础。

【学情分析】

一方面，学生在前面已经学习了力的概念，知道了力的三要素，了解了力的作用效果，学习了力的平衡及力与运动的关系，这为学习浮力和物体的浮沉条件打下了基础。

另一方面，通过前面的学习，学生也基本掌握了科学探究的各个环节和探究方法，这也为浮力的实验探究奠定了基础。

【教学目标】

（1）了解生活中的浮力，建立浮力的物理模型，理解浮力产生的原因。

（2）了解如何用弹簧测力计测量浮力，培养学生科学推理的思维。

（3）通过实验，初步探究影响浮力大小的因素，培养学生的科学探究能力。

（4）在观察实验的过程中，培养学生的科学态度。

（5）通过对生活、生产中浮力的了解，提高学生将科学技术应用于日常生活和社会的意识。

【教学重难点】

重点：通过大量经验事实，认识浮力的存在；运用实验探究的方法得出影响浮力大小的因素。

难点：运用实验和分析的方法得出浮力产生的原因；通过实验探究的方法得出影响浮力大小的因素。

【教学用具】

教师准备：木块、铁块、弹簧测力计、水槽、烧杯、乒乓球、饮料瓶（去底）。

学生分组：烧杯、水、浓盐水、细线、弹簧测力计、圆柱体（标有等距离的格）。

【教学过程】

表2-3-5-1 "浮力"教学过程

教学环节	教学内容	教师活动	学生活动	设计意图
创设情境 引入课题	创设情境 引出浮力	1.展示教学图片。 展示水上乐园的大球等图片。 2.提出问题： 为什么两个人坐在大球里面，球却不会下沉？	观察图片并思考：对生活、生产中的浮力问题进行思考	从有趣的实际问题引入课题，引发学生的研究兴趣。引发学生的深入思考，让学生认识浮力的存在，了解在生活和生产中浮力的各种应用，进而引发学生对浮力概念的思考

续 表

教学环节	教学内容	教师活动	学生活动	设计意图
联系实际 引出概念 学习浮力的方向	浮力的概念及方向	演示实验： 1.学生上台演示，把一个羊角球压入水中。 2.氢气球升空： 把一氢气球释放升空。 提出问题： 什么叫作浮力？ 让一个被细线拉着的乒乓球浸没在水中，如图所示，改变水槽的倾斜角度，再观察被乒乓球拉着的细线的方向有没有变化。 提问： 这个现象告诉我们，浮力的方向永远是怎样的？	观察、体验： 压入水中的过程中，手有什么感觉？ 观察升空的氢气球，思考气球升空的原因。 思考，总结： 物体在液体或气体中，会受到向上托起的力，这个力叫作浮力。 浮力用$F_浮$表示。 观察、思考、得出结论： 浮力的方向永远是竖直向上的	引导学生认识到物体在浮力的作用下可以漂浮在水面上。 引导学生认识到物体在气体中也会受到浮力作用。 引起学生思考，培养迁移能力。 引导学生对浮力的方向进行分析

续表

教学环节	教学内容	教师活动	学生活动	设计意图
联系实际 引出概念 学习浮力的方向	浮力的概念及方向	请学生画出浮在水面的物体受到的浮力的示意图	画出物体所受的浮力 $F_浮$：	巩固，运用浮力的方向的知识
探究实验	浮力产生的原因	演示实验： 乒乓球实验。 实验现象： 状态1 状态2	观察、分析、思考乒乓球浮与不浮的原因	

81

续表

教学环节	教学内容	教师活动	学生活动	设计意图
探究实验	浮力产生的原因	1.瓶去底后打开瓶盖，将乒乓球放入瓶内，向瓶里倒水，乒乓球不浮起。 2.将瓶盖盖上，乒乓球浮起。 分析： 已知：边长为L的立方体位于水面下h深处。 上、下两面所受压力关系： $\because F_{向上} > F_{向下}$ $\therefore F_{浮} = F_{向上} - F_{向下}$ 结论：浮力是液体（或气体）对物体向上和向下的压力差	观察、思考、分析实验。 分析结论： 在状态1下乒乓球只受到液体对它向下的压力；在状态2下乒乓球受到液体对它向上和向下的压力，且向上的压力大于向下的压力，产生向上的浮力。 再思考： 浸在水中的桥墩是否受到浮力作用？	利用压强、压力的知识推导得出浮力与物体所受液体压力的关系
	用称重法测量浮力	把一个木球和一个铁球都放入同一个水槽中，木球漂浮而铁球沉底，如下图所示。提问：铁球在水中受浮力吗？ 组织学生按下图的顺序进行实验，然后对物体进行受力分析	通过实验得出：铁块在水中受到水对铁块向上的托力。 对物体进行受力分析	让学生掌握用称重法测浮力大小的步骤

续 表

教学环节	教学内容	教师活动	学生活动	设计意图
探究实验	用称重法测量浮力	引导学生进行受力分析，并得出：$F_浮=G-F_拉$ 并告诉学生，这种用弹簧测力计测浮力的方法叫称重法	学生作物体的受力分析：$F_拉$、$F_浮$、G	
	探究影响浮力大小的因素	学生实验：浮力大小与哪些因素有关？ 巡视指导： （1）学生的分工协作是否合理。 （2）如何设计表格。 （3）如何处理获取的数据？ （4）针对学生在不同的问题中出现的错误进行纠正。 1.探究浮力与液体密度的关系 | 液体种类	酒精	纯水	盐水 | |---|---|---|---| | 重力G/N | | | | | 弹簧测力计示数F/N | | | | | 浮力$F_浮$/N | | | | 实验结论：物体排开的液体体积一定时，液体密度越大，浮力越大	分组、选择实验器材。 设计表格。 实验测量、记录数据。 各组自评互评。 分析实验数据，讨论交流，得出结论	培养学生依据事实提出科学问题的能力。 培养学生科学严谨的态度，形成尊重事实的科学态度，提倡学习方式的多样化。提高学生分析实验数据并得出结论的能力。 渗透科学研究方法——控制变量法。 培养学生设计实验、表格，规范操作的能力

续表

教学环节	教学内容	教师活动	学生活动	设计意图
探究实验	探究影响浮力大小的因素	2.探究浮力与物体排开液体的体积的关系。 	$V_排$/格	1格	2格	4格
---	---	---	---
重力G/N			
测力计示数F/N			
浮力$F_浮$/N			| 实验结论：在同一液体中，物体排开液体的体积越大，浮力越大。 3.探究浮力与浸没后深度的关系。 | 深度h/cm			
---	---	---	---
重力G/N			
弹簧测力计示数F/N			
浮力$F_浮$/N				 实验结论：浮力大小与浸没后的深度无关。		
课堂小结	得出实验结论	本节课你学到了什么？	学生总结： 本节课主要学习了以下几个内容： 1.浮力：浸在液体（气体）中的物体受到向上的托力。 2.称重法测浮力：$F_浮=G-F_拉$。 3.浮力产生的原因：$F_浮=F_{向上}-F_{向下}$ 4.决定浮力大小的因素：物体浸在液体中的体积、液体密度	

【教学反思】

本课以水上乐园不下沉的大球引入课题，并让学生上台演示，分别将大球和小球压入水中，体会浮力的大小及影响浮力大小的因素，让学生带着兴趣和求知欲进入课堂学习。

在学习浮力概念时，让学生观察生活中利用浮力的图片，再通过实验演示乒乓球的运动轨迹，让学生自己分析浮力的方向，从而完整得出浮力的定义。

在分析浮力产生的原因时，先用乒乓球堵瓶口的实验激发学生的兴趣，再通过引导，让学生进行理论上的分析，从而得出浮力产生的原因，接着再让学生解释实验的现象，达到学以致用的目的。

在探究"浮力的大小与哪些因素有关？"的问题时，让学生分析生活中的现象和实验的情况然后提出猜想，把猜想细化到组，学生分组讨论、交流，制定了最佳实验方案并充分注意到了控制变量法的运用。学生根据实验方案分组进行实验，得出实验结论。这样既节省了课堂教学时间又提高了课堂教学效率。

（广州市花都区秀全街雅正学校　李安发）

第四章

核心素养导向下规律课教学中的情境创设

物理规律客观反映了物质运动变化的本质属性之间定性或定量的联系，或者说物理规律是物理概念在一定条件下的相互制约关系。物理规律可以分为物理定律、物理原理（理论）、物理法则（定则）、物理公式（包括定义式、定理式、定律式）等几类。物理规律的探究过程需要创设问题情境，学生通过情境发现和提炼问题，并对问题答案做出假设，运用已有知识制定探究计划，设计方案并进行探究，通过分析数据形成关于物理规律的结论。本章结合几个典型案例说明物理规律教学中的情境创设。

案例1　平抛运动

（粤教版高中物理必修2第一章第四节）

【内容分析】

平抛运动是《抛体运动》一章的重点，是一种最基本、最重要的曲线运动，是运动的合成和分解知识的第一次应用，是理解和掌握其他曲线运动的基础。平抛运动是一种典型的匀变速曲线运动，它体现了处理复杂的曲线运动的基本方法——先分解成几个简单的直线运动，再进行合成，从而理解运动的独立性原理和叠加原理，并且会利用这种方法解决问题。本节的内容较简单，得出结论也并不难，但是用运动的合成和分解分析问题的方法是运动学中常用的一种重要的研究问题的方法。本节的重点是掌握平抛运动的研究方法，使学生学会用运动的分解和合成来研究复杂的曲线运动，而通过实验探索，分析、归纳出平抛运动的规律是本节的难点。

【学情分析】

通过前面的学习，学生已经掌握了匀变速直线运动的规律及自由落体运动的规律。而在上一节中学生刚学过运动合成与分解的知识，知道运动的合成与分解是处理曲线运动的基本方法，对这种曲线运动的分析方法并不陌生，并且经过了一个多学期的高中物理学习，学生已经具备了初步的实验设计能力和实验操作能力。

平抛运动是学生运用运动的合成与分解研究的第一个曲线运动模型,虽然学生已有必修1的相关知识作为基础,但学生在问题提出后的解决过程中会遇到一些困难,这就要求教师做到精心设问、恰当引导,帮助学生循序渐进地突破难点。通过教师的启发引导,学生自主探究完全有可能达成教学目标,因此这节课主要采用教师提问启发,实验、课件创设情境,以学生自学、讨论、练习为主的综合性启发式教法。

【教学目标】

(1)通过对平抛运动的学习,加深学生对曲线运动的认识,使学生形成运动与相互作用观,并能用其解释生活中与平抛运动相关的实际问题。

(2)基于生活中的与抛体运动相关的经验事实抽象出平抛运动的概念,能正确使用科学的思维方法,从理论和实验两个方面进行科学推理,找出规律,研究平抛运动的特点。

(3)从平抛运动这个物理模型出发,探究其运动规律,提出合理猜测与假设,具有设计实验探究方案和获取证据的能力,能正确实施探究方案,对实验探究过程和结果进行交流、评估、反思。

(4)增强学习和研究物理的好奇心与求知欲,能主动与他人合作,尊重他人,能基于证据和逻辑发表自己的见解,实事求是,不迷信权威。

【教学重难点】

重点:平抛物体运动的分解和平抛物体的运动规律。

难点:平抛物体运动的分解。

【教学用具】

多媒体平台、平抛演示仪、"飞机投弹"动画课件。

【教学过程】

表2-4-1-1 "平抛运动"教学过程

教学环节	教学内容	教师活动	学生活动	设计意图
情境引入 回顾知识	当把一个小球以不同的方向抛出时，抛出的小球有什么共同点和不同点？ 抛体运动定义： 以一定的初速度将物体抛出，不考虑空气阻力，物体只在重力作用下所做的运动叫作抛体运动	教师提出问题	积极思考、回顾已学知识	温故知新，为新课的学习做准备
情境激趣 引入新课	情境1：拿一根桌球杆进入课室，用不同的速度击打水平讲台上的两个桌球。 情境2：一支粉笔分成三段，分别竖直向上、竖直向下、水平抛出	提出问题，启发思考	学生猜想	通过合理外推，提出问题激发学生的好奇心
实验探究 得出规律	平抛运动既有水平方向的运动，也有竖直方向的运动，而它的实际运动却是复杂的曲线运动，如何研究它的运动呢？ 1.水平方向探究（平抛仪演示） 在平抛竖落器两斜槽的电磁铁上各吸住一个小钢球，断开电源。 实验结论：平抛水平分运动是匀速直线运动。 2.竖直方向探究（平抛仪演示） 在平抛竖落器的三个电磁铁上各吸住一个小钢球，断开电源。 实验结论：平抛竖直分运动是自由落体运动。 3.竖直方向探究（频闪照片分析） 用频闪相机记录一个小球做平抛运动与另一个小球做自由落体运动的照片	分解思想引导，指出探究平抛运动的基本思路 实验结束，引导学生分析数据，得出实验结论	有意识地思考分解思想，并尝试进行实验探究。 分析数据，得出实验结论	培养学生的探究精神以及同学之间的合作和动手能力

89

续 表

教学环节	教学内容	教师活动	学生活动	设计意图
实验探究 得出规律	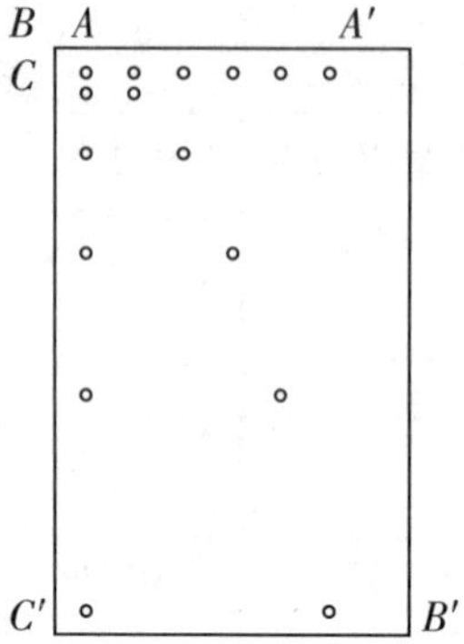 （图示：矩形区域内分布着水平方向 A-A′ 和竖直方向 B-C′、A-B′ 的点迹） 实验结论：平抛竖直分运动是自由落体运动			
理论推导 得出规律	问题情境： 初速度与受力垂直，若无水平初速度，只受重力，做自由落体运动（在竖直方向上）。 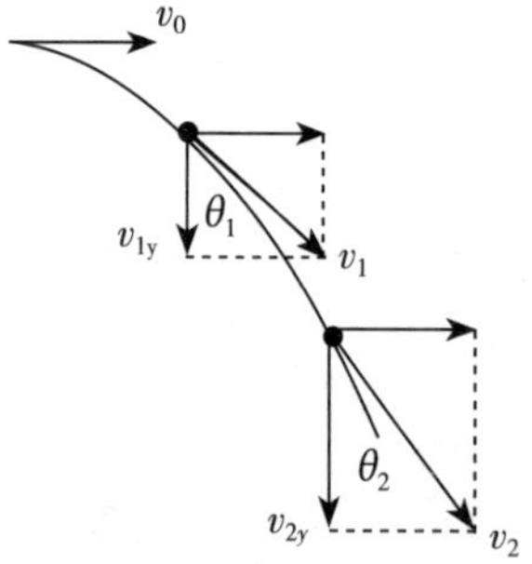 （图示：平抛轨迹，速度分解 v_0、v_{1y}、v_1、θ_1、v_{2y}、v_2、θ_2） 若无竖直重力；只有水平速度，做匀速直线运动（在水平方向上）。 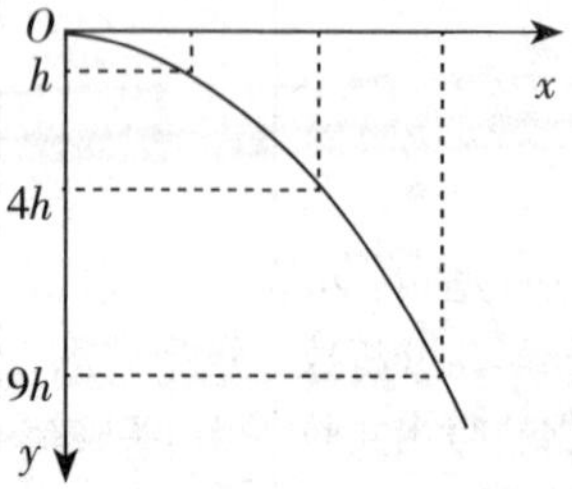 （图示：坐标系 O-x-y，标注 h、$4h$、$9h$ 的轨迹曲线）	提出问题，启发思考，分析点拨，归纳总结	尝试用牛顿运动定律推导平抛运动分解后的结论	感受理论推导的威力与科学性

续表

教学环节	教学内容	教师活动	学生活动	设计意图
综合分析 得出结论	结论：平抛运动可以看成水平方向的匀速直线运动与竖直方向的自由落体运动的合成。 1.水平方向：$v_x=v_0$，$x=v_0t$。 2.竖直方向：$v_y=gt$，$y=\frac{1}{2}gt^2$。 3.物体的合速度 $v=\sqrt{v_x^2+v_y^2}$，v 与水平方向夹角为 θ，$\tan\theta=v_y/v_0=gt/v_0$。 4.物体的合位移 $s=\sqrt{x^2+y^2}$，s 与水平方向夹角为 α，$\tan\alpha=y/x=gt/2v_0$。	引导学生导出平抛运动的速度、位移等规律	分解、推导、反思	培养学生科学研究的精神与严谨的作风
创设情境 应用规律	例：一架老式飞机从高出地面0.81km的高度，以 2.5×10^2km/h 的速度水平飞行，为了使飞机上投下的炸弹落在指定的目标上，应该在与轰炸目标的水平距离为多远的地方投弹？（不计空气阻力） 点拨： 1.模拟题目所描述的物理情境。 2.提出以下问题： （1）从水平飞行的飞机上投下的炸弹做什么运动？为什么？ （2）炸弹的这种运动可分解为哪两个什么样的分运动？ （3）要想使炸弹投到指定的目标处，你认为炸弹落地前在水平方向上通过的距离与投弹时飞机离目标的水平距离之间有什么关系？	在学生独立思考后进行点拨讲解	根据教师的提示独立思考，必要时相互讨论	解决实际问题，激发学生建构模型
师生参与 小结提升	1.平抛运动的定义：将物体用一定的初速度沿水平方向抛出，仅在重力作用下物体所做的运动。 2.平抛运动的分解：水平方向做匀速直线运动，竖直方向做自由落体运动。 3.平抛运动的规律： （1）水平方向：$v_x=v_0$，$x=v_0t$。	引导学生讨论交流本节课的内容	思考、总结	通过总结反思，实现认识的提升

续表

教学环节	教学内容	教师活动	学生活动	设计意图
师生参与 小结提升	（2）竖直方向：$v_y=gt$，$y=\dfrac{1}{2}gt^2$。 （3）物体的合速度：$v=\sqrt{v_x^2+v_y^2}$。 v 与水平方向的夹角为 θ，$\tan\theta=v_y/v_0=gt/v_0$。 （4）物体的合位移：$s=\sqrt{x^2+y^2}$；$s$ 与水平方向夹角为 α，$\tan\alpha=y/x=gt/2v_0$			

【教学反思】

  本课是一节物理规律的习得课，教学时通过对平抛运动物体的受力特点和运动特点的分析，利用实验探究得出平抛物体运动的规律。做好演示实验，特别是做好分析，对于帮助学生理解平抛运动的特点十分重要。通过分析频闪照片，帮助学生明确平抛运动是水平方向的运动和竖直方向的运动的合运动，是本节课的重点。分析时要着重指出两个分运动在时间上是同时的，可认为是相互独立的，既培养了学生分析问题、解决问题的思维能力，也凸显了教师的主导作用，学生学习积极性高，较好地达成了本节课的教学目标。

（广州市花都区邝维煜纪念中学　李峰云）

案例2　机械能守恒定律

（粤教版高中物理必修2第四章第四节）

【内容分析】

《机械能守恒定律》一节的内容与本章的各节内容有紧密的逻辑关系，该定律的探究建立在前面所学知识的基础上，该定律又是普遍的能量守恒定律的一种特殊情况，从知识的发展线索来看，本节内容既是对前面几节内容的总结，也是对能量守恒定律的铺垫。

机械能守恒定律属物理规律教学，是对功能关系的进一步认识，是学生理解能量的转化与守恒的铺垫，在内容衔接上起承上启下的作用。在高考中可以在选择题中独立命题，也可以在实验中有所体现，也是结合动量守恒定律解决力学综合题的核心，此类问题常伴随着较为复杂的运动过程和受力特点，是充分考查学生抽象思维能力、分析能力、应用能力的关键点，是高考的必考点。同时机械能守恒定律是高中阶段学到的第一个守恒定律，重要的是建立这种守恒的思想可以指导学生更好地去认识世界、改造自然世界。

【学情分析】

通过前面的学习，学生已对动能和重力势能有了一定的认识，知道了重力做功会引起重力势能的变化，弹簧的弹力做功将使弹性势能发生变化，合外力的功将引起物体动能的变化。

重力势能和动能转化规律是一种日常生活中比较常见的物理现象，学生能感受到，但并没意识到这一现象的本质特征。故本课通过介绍学生较为熟悉的影音资料创设物理情境，引入主题，使学生对本节课的内容产生兴趣，完成从定性和定量两方面探索动能和重力势能的转化规律的教学任务。

【教学目标】

（1）通过实验探究，验证机械能守恒定律，理解机械能守恒定律，体会守恒观念对认识物理规律的重要性，能用机械能守恒定律分析生产生活中的问题。

（2）通过理论探究，让学生理解重力势能与重力做功的关系，理解动能定理和机械能守恒定律的关系，学会从机械能转化和守恒的视角分析物理问题，形成初步的能量观念。

（3）让学生经历运用光电门传感器实验来验证机械能守恒的过程，并体会科学研究的流程和方法。

（4）在应用机械能守恒定律解决问题的过程中，引导学生体会守恒的思想，领悟从守恒的角度分析问题的方法，增强学生分析和解决问题的能力。

（5）通过能量守恒的教学，使学生体会科学探究中的守恒思想，领悟机械能守恒定律解决问题的优点，形成科学的价值观，提升意志品质和物理核心素养。

【教学重难点】

重点：运用实验探究和理论探究的方法得出机械能守恒定律；理解机械能守恒定律的内容以及其适用条件。

难点：理解机械能守恒定律的适用条件。

【教学用具】

多媒体平台、小钢球、光电门传感器、数据采集器、计算机、刻度尺。

【教学过程】

表2-4-2-1 "机械能守恒定律"教学过程

教学环节	教学内容	教师活动	学生活动	设计意图
情境引入 回顾知识	图片引入：引导学生观察教材中的图片，回顾初中学过的知识，发现新课的学习内容	提问学生，和学生一起回顾什么是动能，什么是重力势能，什么是弹性势能，并总结机械能的概念	积极思考、回顾已学知识	温故知新，为新课的学习做准备。为机械能守恒定律的引入做准备
情境激趣 引入新课	![图示] 活动一：让学生分析铁球从鼻尖处释放到摆到另一端最高点的整个过程中，是什么样的机械能转化，分别是什么力做功。（完成表格） 活动二：让学生回顾小时候玩过的纸弹弓游戏，利用手上的橡皮筋把纸片弹出去，并让学生思考纸片被橡皮筋弹出去的过程中是什么样的机械能转化，分别是什么力在做功。（继续完成表格） 提出疑问：八年级的物理课本上写道：在不考虑摩擦阻力的条件下，在只有动能和势能的相互转化的过程中，机械能的总和保持不变，或者说	提出问题，启发思考	学生思考并且填写表格内容	通过具体情境，提出问题，激发学生的好奇心，使学生了解动能和势能相互转化的过程，得到机械能间转化的条件

95

续表

教学环节	教学内容	教师活动	学生活动	设计意图
情境激趣 引入新课	机械能是守恒的。那么物体的动能和势能相互转化的过程中，动能和重力势能的总和真的不变吗？这里存在着什么样的规律？这就是我们今天的学习任务：研究机械能守恒定律的内容及适用条件。 铁球由最高点摆到最低点的过程中，____能增大，____能减少，____力做功，引起____能转化成____能 铁球由最低点摆到最高点的过程中，____能增大，____能减少，____力做功，引起____能转化成____能 弹纸飞机的过程中，纸片的____能增大，____能减少，____力做功，引起____能转化成____能 总结：动能是势能之间的相互转化，是通过____做功实现的			
实验探究 得出规律	引导学生设计实验进行探究，可以用最简单的运动，即自由落体运动来研究，只要测出做自由落体运动的物体在不同的位置的动能和重力势能之和，即机械能，看看不同位置的机械能有什么样的关系即可。 实验探究： 实验目的：探究小球做自由落体运动的过程中不同位置的机械能是否变化。 实验器材：密度较大的小球、光电门传感器、数据采集器、计算机、刻度尺。 实验记录：实验要记下三个不同位置的高度，可以计算出其重力势能$E_p=mgh$，通过光电门传感器可以读出这三个位置小球的速度，测量出小球的质量，就可以计算出该位置小球的	介绍实验装置和实验原理。 演示实验，指导学生在表格中记录实验数据	学生代表配合教师演示实验，其余学生观察并记录实验数据。在老师的引导下分析表格中的数据，得出实验结论	通过实验探究，培养学生实验观察、数据处理和分析的能力，同时让学生领悟研究物理问题的科学方法

续表

教学环节	教学内容	教师活动	学生活动	设计意图
实验探究 得出规律	动能$E_k=\frac{1}{2}mv^2$，再计算这三个位置的机械能大小$E=E_p+E_k=mgh+\frac{1}{2}mv^2$。 | 离地面的高度（h）	速度v（m/s）	重力势能E_P（J）	动能E_K（J）	机械能E（J） | |---|---|---|---|---| | | | | | | | | | | | | | | | | | | 实验结论：从实验的数据可以看出，在误差允许的情况下，小球自由下落过程中，不同位置的机械能的总量保持不变，即机械能守恒。 （事实上，实验中的数据，先经过的位置的机械能总是比后经过的位置的机械能稍大一些，这到底是为什么呢？这个问题留给学生课后思考）	实验结束，引导学生分析数据，得出实验结论。 用问题拓展的形式，加强学生对机械能守恒定律适应条件的理解		
理论推导 得出规律	问题情境：小球做自由落体运动，以小球为研究对象，小球先后经过位置A和位置B，位置A和位置B的高度分别为h_A和h_B，小球经过位置A和位置B的速度分别为v_A和v_B，以地面为零势能面，忽略空气阻力，小球下落过程只有重力做功，从A到B的过程中，由动能定理得 $mg(h_A-h_B)=\frac{1}{2}mv_B^2-\frac{1}{2}mv_A^2$ 将上式展开： $mgh_A-mgh_B=\frac{1}{2}mv_B^2-\frac{1}{2}mv_A^2$ 移项得$mgh_A+\frac{1}{2}mv_A^2=mgh_B+\frac{1}{2}mv_B^2$ 式子左边是小球在位置A的重力势能和动能之和，即小球在位置A的机械	提出问题，启发思考，分析点拨，归纳总结	先独立思考，再交流讨论，代表展示，质疑提升	通过问题情境引领学生运用动能定理推导机械能守恒定律，培养学生分析问题、解决问题的能力和思维能力，让学生领悟研究物理问题的科学方法

续 表

教学环节	教学内容	教师活动	学生活动	设计意图
理论推导 得出规律	能，式子右边是小球在位置B的重力势能和动能之和，即小球在位置B的机械能，可以看出小球的机械能的总量不变。师生共同归纳机械能守恒定律的内容和数学表达式。 （图：小球从位置A下落到位置B，高度分别为h_A和h_B） 思考问题1：小球运动的这个过程有不能忽略的空气阻力，那么小球的机械能总量还能不变吗？ 如果有空气阻力，那么小球下落过程中，除了重力做正功之外，还有空气阻力做负功，根据动能定理，有 $$mg(h_A-h_B)-f(h_A-h_B)=\frac{1}{2}mv_B^2-\frac{1}{2}mv_A^2$$ 转化后为 $$mgh_A+\frac{1}{2}mv_A^2=mgh_B+\frac{1}{2}mv_B^2+f(h_A-h_B)$$ 由上式可得$E_A \neq E_B$，所以小球机械能的总量发生变化了	引导学生通过具体推导回答上面探究实验的拓展问题		
归纳总结 得出结论	规律总结：在只有重力做功的情形下，物体的动能和重力势能发生相互转化，而机械能的总量保持不变，这就是机械能守恒定律。 同样也可以证明：在弹性势能和动能的相互转化中，如果只有弹力做功，机械能的总量也保持不变，即机械能守恒	在实验探究和理论推导的基础上得出机械能守恒定律的内容、表达式、适用条件并板书	积极思考，重新建构知识	

续表

教学环节	教学内容	教师活动	学生活动	设计意图
归纳总结得出结论	思考问题2：机械能守恒定律成立的条件是什么？ 学生可能回答：只有重力做功。 提出质疑：这个条件是从自由落体运动中得出的，是否一定正确？能否通过其他实例来论证？ 引导学生举例：①抛体运动（只受重力作用，只有重力做功）；②物体沿光滑斜面下滑、单摆、滑轨过山车（受多个力作用，只有重力做功）；③物体在多个力的作用下匀速运动（除重力外，其他力做功的代数和为零）。 引导学生分析上述实例（从物体受力及力做功的角度），归纳出机械能守恒的条件：只有重力做功。 思考问题3：如果动能和弹性势能之间相互转化，机械能守恒定律成立的条件是什么？我们继续研究。 引导学生分析，得出机械能守恒的条件：只有弹力做功。 思考问题4：若有其他力做功，机械能如何变化？			
创设情境应用规律	课堂训练： 1.判断以下情形中，物体的机械能是否守恒： （1）抛出的篮球在空中的运动（空气阻力不计）。 （2）拉起后释放的秋千自由摆动（空气阻力不计）。 （3）跳伞运动员在空中匀速下落。 （4）物体沿着斜面匀速上滑。 （5）小球沿光滑圆弧从高处滑下。 （6）地球从近日点向远日点运动。 （7）竖直上抛。	在学生独立思考后进行点拨讲解	独立思考，运用得出的结论进行判断	通过判断和解析两种类型的习题，巩固和反馈学生对机械能守恒成立条件的理解

续表

教学环节	教学内容	教师活动	学生活动	设计意图
创设情境 应用规律	（8）手托着铁球，让它减速上升。 （9）手托着铁球，让它加速下降。 2.解析现象。 （1）"铁球撞鼻"游戏中，为什么铁球始终不会撞伤鼻子？ 总结：机械能守恒的条件"只有重力做功"指的不是说物体只受到重力，而是说物体可以受到其他的力，但是其他力不做功，这样也满足机械能守恒的要求。 （2）在能源有限的前提下，提高能源利用率和节能就变得尤为重要。下图是上海"明珠线"某轻轨车站的设计方案，与站台连接的轨道有一个小坡度。为什么在站台上要设置一个小坡度？ 车站　站台 （3）看嫦娥一号的发射图，分析机械能的变化			
师生参与 课堂小结	学生小结： 本节课我已经掌握的知识：_____。 哪些问题我还不理解：_____。 教师小结：这节课主要是从生活的事例中得到物体的动能和势能之间可以相互转化，而且是通过重力或弹力做功的形式实现转化的。通过小球自由落体运动的实验探究和理论分析，得到结论：在只有重力或弹力做功的情形下，物体的机械能守恒，这就是机械能守恒定律	引导学生讨论交流本节课的内容，并梳理总结本节课的知识点	思考、交流、总结	通过总结反思，厘清本节课的知识要点和研究问题的方法，实现认识的提升

【教学反思】

本课是一节物理规律的习得课,从生活中常见的动能和势能相转化的实例引导学生理解动能和势能是通过做功的方式实现转化的,再通过演示实验分析一种特殊的运动——自由落体运动,再结合上节课所学的动能定理的内容,推导出机械能守恒定律,最后用课堂练习对机械能守恒的条件及判断方法进行归纳,让学生对"只有重力做功或者只有弹力做功"有更加深刻的认识。通过知识回顾→以实例和问题引入→实验探究→理论推导→得出结论→巩固应用→课堂小结这一系列过程,通过师生之间、生生之间的平等合作、交流沟通,落实了学生的主体地位,尤其是建构知识的主体地位,从而较好地达成了本节课的教学目标。

(广州市花都区邝维煜纪念中学　张春梅)

案例3　焦耳定律

（人教版九年级第十八章第4节）

【内容分析】

本节课是对学生理性思考的要求较高的一节课，仅凭学生的生活经验和实验探索是不能得到准确结论的。由于学习内容较多，因此可分成如下几步来完成：首先在学生已有知识经验的基础上，让学生体验科学探究的基本过程；然后得出焦耳定律公式及导出式的适用范围；最后通过练习对电热进行计算，并学习电热在生活中的利用和防止。

【学情分析】

初三上学期的学生对科学探究的各个要素已经了解，已经初步具备了探究的能力和小组合作学习的意识。所以本节课对"电热影响因素"的探究重点不放在完整的探究环节上，而是放在物理思维方法的点拨、智慧和实验成果共享的引导上。

【教学目标】

（1）知道电流热效应的现象及能量的转化，培养能量观念。

（2）通过探究影响电流热效应的因素，理解焦耳定律的内容，能够利用焦耳定律公式进行简单的计算，培养科学思维。

（3）举例说出生活中利用电热的实例，了解电热的危害和防止电热的方法，培养学生的科学态度和责任感。

（4）通过实验探究，培养学生的实验探究能力和理论分析能力，让学生运用控制变量法和转换法进行实验。

（5）通过学习能够把所学的知识应用到实际生活中，树立学好科学文化知识、为社会服务的观念。

【教学重难点】

重点：焦耳定律、电流热效应的应用、电热的计算。

难点：对影响电热大小的因素的猜想和实验设计。

【教学用具】

多媒体课件、电阻丝（1个10Ω、3个5Ω的电阻丝）、密封容器（2个）、U形管（装有颜色的液体）、橡胶管、烧瓶（1个）、煤油、温度计（1个）、学生电源（12V）、开关、秒表、导线（若干）。

【教学过程】

表2-4-3-1 "焦耳定律"教学过程

教学环节	教学内容	教师活动	学生活动	设计意图
创设情境导入新课	用一根铅笔芯可以把塑料包装切断，你信吗？	情境创设： 设计实验：让学生将裸铅笔芯接入电路并通电，然后用铅笔芯去切割装电池的塑料包装，如下图所示	参与实验并思考	创设不可思议的物理情境，获得魔法般的效果。 通过让学生参与新奇的实验，激发学生的学习兴趣

续 表

教学环节	教学内容	教师活动	学生活动	设计意图
进行新课		板书课题：我们今天就来学习第十八章第4节《焦耳定律》。 引入：像电暖气等生活中的很多电器，通电以后会产生热量。你还知道哪些电加热的设备吗？ 小结：电流通过导体时，导体要发热，电能转化成内能，这种现象叫作电流的热效应	热水器、电熨斗、热得快、电饭锅等	
猜想		质疑："小太阳"电暖气和电炉都是由电炉丝发热的。电炉丝A和导线B相连，通过它们的电流相同，为什么电炉丝热得发红，而导线却几乎不热呢？换句话说，电流通过导体时产生热量的多少跟哪些因素有关？请同学们做出合理猜想	猜想： 1.与电流的大小有关。 2.与电阻的大小有关。 3.与通电时间的长短有关。 ……	

104

续表

教学环节	教学内容	教师活动	学生活动	设计意图
猜想		（注：学生猜想影响因素有哪些，不一定能想到，教师适时给予提示。）		
实验方案	实验准备	实验指导：电流产生热量有多有少，你能从提供的器材中，比较出热量的多少吗？电阻丝、密封容器（带有小孔）、U形管（装有颜色的液体）、橡胶管、烧瓶、煤油、温度计。 播放课件&点拨：转换法反映产生热量的多少。 方案一： 方案二： （说明：若学生想不到，教师可展示课件。）	小组讨论： 1.电阻丝加热密封容器中的空气，推动U形管中的液体上升，形成液面差。 2.电阻丝加热煤油，用温度计测量煤油的温度	发挥学生的主观能动性，培养学生的创造性思维

续 表

教学环节	教学内容	教师活动	学生活动	设计意图
实验方案	实验准备	方案一：电阻丝加热密封容器中的空气，U形管中液面形成_____；液面差越大，产生的热量越_____。 方案二：烧瓶内装有煤油，电阻丝产生热量会使温度升高，用____测量温度；温度越高，产生热量的越____。 小结：实验中，将不易观察到的现象通过其他方法直观形象地显示出来，我们称之为转换法。以上两种方案中，加热空气快还是加热煤油速度快？ 过渡：所以我们就选用第一种方案进行实验探究	液面差　多 温度计　多 方案一快； 方案二煤油的比热容比空气的大，需要吸收更多的热量才会升高，所以慢	
实验探究一	探究产生的热量Q与电阻R的关系	实验一：探究产生的热量Q与电阻R的关系。 实验指导： 1.我们猜想电流产生的热量可能与多个因素有关，应该采用什么探究方法？ 2.当探究产生热量Q与电阻R的关系时，如何控制变量呢？一个10Ω、两个5Ω的电阻丝，我们怎么选？ 3.如何才能更好地让通过两个电阻的电流、通电时间一样？ 进行实验：	小组讨论： 1.控制变量法。 2.应让电流、通电时间一样，改变电阻的大小；选一个5Ω的电阻和一个10Ω的电阻。 3.将两个电阻串联	通过一个完整的实验，让学生掌握探究过程

续 表

教学环节	教学内容	教师活动	学生活动	设计意图
实验探究一	探究产生的热量Q与电阻R的关系	引导： 1.哪个电阻的液面差明显？ 2.说明哪个电阻产生的热量多？ 3.可以得到什么结论？	观察实验现象： 1.10Ω的液面差大。 2.电阻大的产生热量多。 3.当通过导体的电流和通电时间相同时，导体的电阻越大，电流产生的热量越多	
实验探究二	探究产生的热量Q与电流I的关系	实验二：探究产生的热量Q与电流I的关系。 实验指导： 1.探究产生的热量Q与电流I的关系时，如何控制变量呢？ 2.一个10Ω、两个5Ω的电阻丝，我们怎么选？ 3.两个容器中密封同样的电阻，在一个容器的外部，将一个电阻和这个容器内的电阻并联，因此通过两容器中的电阻的电流就不同。 进行实验： 引导： 1.哪边液面差明显？	小组交流、讨论： 1.让电阻、通电时间一样，改变通过电流的大小。 2.选两个5Ω的电阻丝。 观察实验现象： 1.左边液面差明显。	电路图便于学生更好地理解通过两密封容器内电阻丝的电流为何不等

续 表

教学环节	教学内容	教师活动	学生活动	设计意图
实验探究二	探究产生的热量Q与电流I的关系	2.是电流大的产生的热量多还是电流小的产生的热量多？ 3.可以得到什么结论？	2.电流大的产生的热量多。 3.当导体的电阻和通电时间相同时，通过导体的电流越大，电流产生的热量越多	
实验探究三	探究产生的热量Q与通电时间t的关系	实验三：探究产生的热量Q与通电时间t的关系 实验指导：探究产生的热量Q与通电时间t的关系时，应该怎么做呢？我们可以第一次通电5s，第二次通电10s。 进行实验： 引导： 1.哪次通电形成的液面差明显？ 2.可见产生热量的多少与通电时间有什么关系？ 3.可以得到什么结论？	学生回答： 让电阻、电流一样，改变通电时间的长短。 观察实验现象： 1.第二次液面差大。 2.通电时间越长，产生的热量越多。 3.当通过导体的电流和导体的电阻大小相同时，通电时间越长，电流产生的热量越多	
	师生共同总结：当电流通过导体时，电流越大，电阻越大，通电时间越长，产生的热量越多			
电热的利用与防止	产生的热量Q与消耗电能W的关系	自学指导：英国物理学家焦耳首先对此做出了卓越的探究，请大家阅读课本100页第二部分以及图18.4-4"焦耳简介"，回答以下问题：	自主学习、回答问题：	

续表

教学环节	教学内容	教师活动	学生活动	设计意图
电热的利用与防止	产生的热量Q与消耗电能W的关系	1.焦耳定律的内容是什么？ 2.如何用公式表示焦耳定律？ 3.每个物理量的单位分别是什么？	1.电流通过导体产生的热量跟电流的平方成正比，跟导体的电阻成正比，跟通电时间成正比，这个规律叫焦耳定律。 2.$Q=I^2Rt$。 Q——焦耳（J）。 I——安培（A）。 R——欧姆（Ω）。 t——秒（s）	
练习巩固	焦耳定律的运用	例：一根60Ω的电阻丝接在36V的电源上，在5min内共产生多少热量？ 解：通过电阻丝的电流为 $I=\dfrac{U}{R}=\dfrac{36V}{60Ω}=0.64$（A） 电流产生的热量为 $Q=I^2Rt=(0.6A)^2×60Ω×5×60s=6480$（J） 指导：帮学生理清解题思路，规范解题过程。 针对练习：某导体的阻值为4Ω，通过0.5A的电流时，则1min产生多少热量？ 学以致用： 1.我们学习了焦耳定律，你能回答当电炉丝A和导线B通过的电流相同时，为什么电炉丝热得发红，而导线却几乎不发热吗？	积极思考，完成例题。 讨论、交流： 1.导线的电阻很小，而电炉丝的电阻很大，由焦耳定律$Q=I^2Rt$可知，在相同时间内电流越大热量越多，因此电炉热得发红，而导线却不热。	通过例题让学生规范解题过程并养成良好的书写习惯。 让学生从生活中走进物理，探索物理知识的奥秘，再从知识的殿堂中回归生活

续表

教学环节	教学内容	教师活动	学生活动	设计意图
练习巩固	焦耳定律的运用	2.你知道"直流融冰"新技术，即在输电线路中输入3000A左右的大电流，融化冰的物理原理吗？ 设疑：电视机、电动机、电暖气都标有"220V，200W"，把它们并联在220V的电压下，则相同时间内产生热量Q最多的是哪种电器？为什么？ 点拨： （1）电流通过导体时，如果电能全部转化为热，而没有同时转化为其他形式的能量，那么，电流产生的热量Q和消耗的电能W的关系是Q=W，这样的电路称为纯电阻电路。例如电炉、电饭锅、电热水器、电烤箱、电热水壶等电器中的电路都是纯电阻电路。计算热量还可用Q=___=___=___。 （2）像电动机、电视机消耗的电能除转化为内能外还转化为其他形式的能，这样的电路称为非纯电阻电路，Q>W。所以计算非纯电阻电路产生的热量只能用公式$Q=I^2Rt$。 自学指导： 阅读教材P101"电热的利用和防止"，讨论回答下列问题： 1.电热对我们有利还是有害？	2.当电阻、通电时间一定时，电流越大产生的热量越多。 讨论、交流： 由W=Pt可知，消耗的电能一样多。 电视机：W=Q+光能。 电动机：W=Q+机械能。 电暖气：W=Q 所以，电暖气产生的热量多。 $Q=Pt=UIt=\dfrac{U^2}{R}t$ 自主学习，回答问题： 1.既有利又有害。	让学生进一步理解电流产生的热量Q的计算方法，使学生提升认识，能够灵活运用公式

110

续 表

教学环节	教学内容	教师活动	学生活动	设计意图
练习巩固	焦耳定律的运用	2.生活中我们是如何利用电热的？ 3.有时电热会给我们造成什么危害？我们又是如何防止的呢？	2.电熨斗、电饭锅、电热水器等。 3.烧坏电器；防烫伤： （1）电视机的后盖有很多孔，就是为了通风散热，使用时一定要把防尘布罩拿开。 （2）电脑里安装了微型风扇，把热吹走	
电热与生活的联系	电热的利用和防止	展示课件： 电热器的优点：清洁卫生、无污染、效率高，便于调节温度。	观看课件。	从课堂走向生活，让学生发现生活中电热的利与弊，便于学生理解和应用——"生活是最深刻的实验"，渗透安全用电教育，培养学生的科学态度和责任

111

续表

教学环节	教学内容	教师活动	学生活动	设计意图
电热与生活的联系	电热的利用和防止	电热的危害：电热过多，损坏物品。 电熨斗忘记关电源；在高温下，长时间使用电脑。 防止措施：设法散热。 （1）加散热窗。 （2）加风扇	增强安全意识。 了解方法	

续表

教学环节	教学内容	教师活动	学生活动	设计意图
课堂小结	课堂小结	利用/防止 } 应用 ↑ 公式 ← 焦耳 → 内容 $Q=I^2Rt$ 定律 ↑ 电流的热效应 → 影响电流产生热的因素 ↓ 本质：电能 ↓ 内能	学生梳理知识	总结本节课的内容

【教学反思】

本节课注重创设情境，上课开始让学生做用铅笔芯切割塑料包装的实验，学生饶有兴趣，对电热有了深刻的印象。本节的重点内容是探究电热跟哪些因素有关的全过程，从猜想到设计实验到得出实验结论，都是学生在教师的引领下经过认真的思考和讨论完成的。尤其是设计实验的环节，教师充分调动学生的学习积极性和创造能力，设计出了多种实验方案，并对每一种方案的优缺点进行评估，使学生设计实验的能力得到了锻炼，较好地渗透了物理思想。整个教学过程不仅使学生掌握了基础知识，而且提高了他们分析实验现象、归纳总结、辩证分析的能力，充分体现了以学生为主体的教学理念。

本节课受器材所限，焦耳定律的探究实验为演示实验，不能让学生亲身动手探究，实在是一种缺憾。由于实验器材较小，不能让所有的学生都看清楚，有待以后进一步改进。

（广州市花都区秀全街雅正学校　李安发）

案例4　牛顿第一定律

（人教版八年级第八章第1节）

【内容分析】

本节课是在学生学习了力的概念、力的作用效果、力的测量这些知识的基础上进行讲授的。本节课展开了"力与运动的关系"的学习，为学习惯性、二力平衡、总结力与运动的关系打下了坚实的基础。教材中介绍了伽利略"理想斜面实验"的实验基础和推理过程，是一次很好的进行科学方法教育的机会。教材中突出了伽利略、牛顿的贡献，可以作为物理学史的教育契机。教材中分析了定律的内涵，指出理想情况，符合学生的认知水平。

【学情分析】

学习者是八年级学生，经过前面的物理知识的学习，学生具备了一定的实验探究能力，并且学习了机械运动、力的作用效果，知道力可以改变物体的运动状态，为本节的学习做了一定能力和知识上的铺垫。但学生接触物理的时间较短，抽象思维能力以及认知结构尚不成熟，而且受生活经验的影响，学生"物体的运动需要力来维持"的错误观念不容易转变。而牛顿第一定律又是通过理想实验得到的，是物体不受力的情况，与生活实际有距离，这就使学生在理解上会出现困难。

【教学目标】

（1）知道牛顿第一定律的内容，知道惯性的概念，培养学生的运动观念。

（2）通过实验探究活动，推理概括牛顿第一定律的内容，培养学生的科学推理能力。

（3）经历探究惯性的广泛应用的过程，进一步理解牛顿第一定律，培养学生的科学探究能力。

（4）对周围生活中应用惯性的实例有浓厚的兴趣，体会科学技术的价值。

（5）在实验中养成严谨的科学态度。通过了解惯性在生活中的广泛应用，培养学生学习物理的兴趣。

【教学重难点】

重点：牛顿第一定律的理解，正确解释惯性现象。

难点：正确认识牛顿第一定律的内涵，利用惯性知识解释常见的惯性现象。

【教学用具】

几种弹簧测力计、几个棋子、钢球、钢尺、毛巾、粗布条、光滑的木板、钩码、弹簧片、锤头等。

【教学过程】

表2-4-4-1 "牛顿第一定律"教学过程

教学环节	教学内容	教师活动	学生活动	设计意图
情境创设	情境创设：播放动漫《跳跃旅行》	故事讲述：上小学的小强同学听老师说，由于地球自转，当地地面的速度大约是360m/s，便产生了一个想法：地球既然转得这么快，那么当自己跳起来落回地面时，地面一定转动了一段很长的距离，自己就不会落在原地，所以只要不停地跳跃，就能免费周游世界	听老师讲述有趣的故事	利用有趣的故事创设情境并提出问题，易于调动学生的学习兴趣和求知欲

续表

教学环节	教学内容	教师活动	学生活动	设计意图
情境创设		设置疑问： 小强下课后便急忙跑到操场上去试试。使劲向上跳，但总是落回到原处。小强怎么也不明白其中的道理，你能帮他解开这个谜团吗？	交流讨论，试图解释老师的问题	
进行新课	牛顿第一定律	自主学习： 1.内容：阅读课本了解一下亚里士多德、伽利略的观点分别是什么。 2.要求：用所学的知识分析出运动的物体停下来的原因，可能是_____	自主学习，小组讨论，发表自己的意见	
探究运动和力的关系	物体的运动是否需要力来维持。（1）运动和力的关系。	课件展示： 1.力是维持物体运动状态的原因。一切运动物体终将归于静止。——亚里士多德的观点（2000年前古希腊） 亚里士多德	对于两种意见展开激烈讨论，各自阐述自己的理由	

续表

教学环节	教学内容	教师活动	学生活动	设计意图
探究运动和力的关系	（2）探究阻力对运动物体的影响	伽利略 2.物体的运动并不需要力来维持。物体会停下来是因为受到了摩擦阻力。力是改变物体运动状态的原因。——伽利略的观点（17世纪意大利） 教师点拨： 伽利略构想的理想实验（又称假想实验）以可靠的事实为基础，把实验与逻辑推理和谐地结合在一起。这种科学探究的方法有力地推动了科学的发展		
探究牛顿第一定律	牛顿第一定律。 （1）内容。	提出问题： 你认为谁的观点正确呢？ 播放视频： 《伽利略的理想斜面实验》。 （甲）	对于两种意见展开激烈讨论，各自阐述自己的理由。 观看视频，进一步体会两种观点的区别	通过视频引导学生初步认识运动的物体之所以会停下来是因为受到了阻力的作用，进而通过实验推理得出阻力和运动的关

续 表

教学环节	教学内容	教师活动	学生活动	设计意图
探究牛顿第一定律	（2）意义	（乙） （丙） 提出问题： 通过视频可以看出，运动的物体之所以会停下来是因受到了阻力的作用，阻力对运动的物体有什么影响呢？ 设计实验： 请学生结合以下问题分组设计实验：阻力对运动物体的影响。 （1）实验中应该采用什么物理方法？ （2）如何改变小车受到的阻力的大小？ （3）如何控制小车运动到水平面时的速度相同？ 实验探究：	分组交流讨论并汇报。 （1）控制变量法。 （2）木板、棉布、毛巾。 （3）让小车从同一斜面的同一高度处自由滑下。 学生分组实验，将实验结果记录在表格内	系，为下一步学习牛顿第一定律做好铺垫

续 表

教学环节	教学内容	教师活动	学生活动	设计意图
探究牛顿第一定律		<table><tr><td>表面状况</td><td>阻力的大小</td><td>小球运动的距离</td></tr><tr><td>毛巾</td><td></td><td></td></tr><tr><td>粗布条</td><td></td><td></td></tr><tr><td>光滑的木板</td><td></td><td></td></tr></table> 归纳总结： 1.结论：平面越光滑，小车运动的距离越_____，这说明小车受到的阻力越小，速度减小得越_____。 2.推理：如果运动的小车不受阻力，它将做_____。 方法点拨：这种科学探究的方法有力地推动了科学的发展，我们称之为理想实验法	1.远、慢。 2.匀速直线运动 初步领略物理方法在物理学发展史中的重要作用	
得出结论		提出问题： 运动的物体不受力的作用时将保持匀速直线运动状态，那么静止的物体不受力的作用时会处于什么状态呢？ 课件展示： 1.介绍牛顿及其贡献。 牛顿	交流讨论并回答：静止的物体不受力的作用将保持静止状态。 了解牛顿在物理学中的巨大贡献	通过问题的形式让学生自己去体会牛顿第一定律的内容和意义，比简单机械地讲解效果要好

续表

教学环节	教学内容	教师活动	学生活动	设计意图
得出结论		2.牛顿第一定律：一切物体在没有受到外力作用的时候，总保持匀速直线运动状态或静止状态。 交流讨论： 1.牛顿第一定律的研究对象是哪些物体？ 2.牛顿第一定律成立的前提是什么？ 3."总"和"或"表示什么意义？ 4.牛顿第一定律有什么重要意义？ 学以致用： 用绳子拴住一个小球，让小球在光滑的水平面上做圆周运动。当绳子突然断裂时，小球将（　　）。 A.保持原来的圆周运动状态 B.保持绳断时的速度做匀速直线运动 C.小球运动速度减小，但保持直线运动状态 D.以上三种都有可能	识记牛顿第一定律的内容。 1.一切物体。 2.没有受到力的作用。 3."总"表示一直如此。"或"表示一个物体只能处于一种状态，即保持原状态不变。 4.揭示了运动和力的关系，即力是改变物体运动状态的原因。 独立完成练习题。 答案：B	采用小循环多反馈的方式展开教学，加深学生对牛顿第一定律的理解
学习惯性的知识点	惯性	设置疑问：	交流讨论，回答老师的问题	采用"一动一静"两种典型事例帮助学生建立惯性的概念。具体事例分析，帮

120

续 表

教学环节	教学内容	教师活动	学生活动	设计意图
学习惯性的知识点		1.演示如下图所示的实验。 为什么钢球没有随卡片飞出？ 2.播放急刹车时的卡通动漫。 急刹车时，人为什么会向前倾倒？ 归纳总结： 1.在物理上，我们把物体具有保持原来的运动状态不变的性质叫作惯性。 2.因为物体有惯性，所以在不受外力时才能保持匀速直线运动状态或静止状态，因此牛顿第一定律又称惯性定律。 温馨提示： "原来的运动状态"包括原来静止和原来运动的状态，即原来静止的物体，仍然保持静止；原来运动的物体，保持匀速直线运动状态。惯性是物体固有的一种属性，它不是力，把惯性说成"惯性力"或"受惯性作用"都是错误的	1.钢球要保持原来的静止状态。 2.人的上半身要保持原来的运动状态不变。 1.体会惯性的概念。 2.初步认识惯性和牛顿第一定律的联系。 加深对惯性概念的认识	助学生养成分析惯性现象的良好习惯

续表

教学环节	教学内容	教师活动	学生活动	设计意图
学习惯性的知识点	惯性的概念：物体保持原有运动状态不变的性质	学以致用： 人在跑动时，若脚突然被石块绊一下，人必然向前跌倒，请解释其原因。 归纳总结： 分析惯性现象的一般思路：首先分析研究对象"原来的运动状态"，其次分析哪部分受力的作用运动状态发生改变，哪部分"由于惯性会怎样"；最后再说明"所以……"。	奔跑时碰到石块，脚停止运动，而人身体上部由于具有惯性要保持原来向前的运动状态故向前冲去，因此必然向前跌倒。 在老师的引导下总结如何分析惯性现象	
惯性的利用与防止	惯性的利用和防止 （1）利用。	提出问题： 1.生活中我们经常利用惯性为我们服务，你了解的现象有哪些呢？ 套紧锤头	1.学生列举自己了解的实例并加以分析。	从生活走向物理，从物理走向社会，利用其利防止其弊

续 表

教学环节	教学内容	教师活动	学生活动	设计意图
惯性的利用与防止	（2）防止	飞跃摩托车 跳远运动员快速助跑 2.凡事有利就有弊，惯性在为我们服务的同时，也给我们带来了很多弊端，请同学们阅读"科学世界"中的"汽车安全带和安全气囊" 安全带	2.阅读"科学世界"中的内容，了解惯性的危害与防止方法	

续表

教学环节	教学内容	教师活动	学生活动	设计意图
惯性的利用与防止		安全气囊 学以致用： 下列事例中不是利用惯性的是（　　）。 A.跳远运动员起跳前要助跑一段距离 B.洗衣机的甩干桶高速转动时可以把湿衣服甩干 C.小轿车行驶时驾驶员和前排的乘客要系安全带 D.把锤柄的一端在地上撞击几下就可以套紧锤头	答案：C	
课堂小结	牛顿第一定律	牛顿第一定律 { 斜面实验：实验推理 内容：一切物体在没有受到＿＿＿作用时，总保持＿＿＿或＿＿＿状态 惯性 { 概念：物体保持＿＿＿或＿＿＿的性质 惯性现象的解释		

【教学反思】

本节课主要采用实验探究、小循环多反馈、小组内和小组间交流讨论以及视频教学等多种教学方式展开。教学设计能够体现"从生活走向物理、从物理走向社会"的教学理念。整个教学过程环环相扣、逐层深入，很多环节都为后续的探究埋下了伏笔。在教师的引领下，学生顺畅地完成了概念建立、实验探究等环节，省时高效。为了降低难点、突破重点，整堂课中采用了小循环多反馈的教学方式展开教学，让学生学习一点、消化一点、掌握一点。

课堂教学中如果更多地合理借助多媒体技术，就可以轻松地引领学生进入直观、形象的场景，使学生犹如身临其境，学习兴趣倍增。

（广州市花都区秀全街雅正学校　李安发）

案例5　电流与电压和电阻的关系

（人教版九年级第十七章第1节）

第2课时：电流与电阻的关系

【内容分析】

本节内容是初中物理第十七章第一节的《电流与电压和电阻的关系》的第2课时，它既承接前阶段所学的知识，反映了导体电流与电阻之间的定量关系，也为后续学习内容——欧姆定律及其有关计算提供了依据，起着承上启下的重要作用。本节课的学习所需要的知识和技能基础主要有电流、电压、电流表和电压表的使用、画简单的电路图、根据电路图连接实验电路、用图像法对实验数据进行初步处理。

【学情分析】

在学习本节内容之前，学生已经学习了关于静电、电压、电流的基本概念和相应测量仪器及测量方法，多数学生能正确连接电路元件，正确使用电流表、电压表，对于控制变量的研究方法也有所了解，而且已经通过实验探究了电流与电压的关系。学生有较强的好奇心和求知欲，他们渴望自己动手进行科学探究，体验成功的快乐，但是具体到对电流与电阻关系的理解及其中涉及的物理思想和实验方法，规律性知识的概括还不够全面，仍然需要教师通过具体教学活动的设置来进行引导。本设计突出重点和突破难点的方法是：以实验探究为基础，让学生通过实验方案的设计和实验数据的分析、归纳，得出电流与电阻的关系。学生的思维方式逐步由形象思维向抽象思维过渡，教学中让学生自主设计研究问题的方案，是发展学生思维的有效途径。

【教学目标】

（1）理解不同导体中电流与电阻的关系，逐步形成相互作用的观念。

（2）会在坐标系中用图像法处理实验数据并归纳得出电流与电阻的关系，培养科学思维。

（3）理解欧姆定律的内容及数学表达式。

（4）学生经历科学探究的过程，感受运用控制变量法设计实验方案，学会观察、收集、分析和处理实验数据，并学会采用图像法分析处理实验数据，培养科学探究能力。

（5）在探究导体中的电流与导体电阻之间的关系的过程中，培养学生实事求是的科学态度，让其体验科学探究的乐趣和合作学习的快乐，培养热爱科学的精神。

【教学重难点】

重点：运用控制变量的实验方法设计和完成"电流与电阻的关系"的实验探究过程；对实验进行评估和交流。

难点：运用控制变量的实验方法设计和完成实验探究过程；利用图像法进行数据分析。

【教学用具】

电源（干电池）、开关、导线、定值电阻（5Ω、10Ω、15Ω）、滑动变阻器、电压表和电流表、回形针、鳄鱼夹等。

【教学过程】

表2-4-5-1 "电流与电压和电阻的关系"教学过程

教学环节	教学内容	教师活动	学生活动	设计意图
创设情境引入新课	引入电流与电阻关系的探究	播放视频：《舌尖上的中国——四川的麻辣》。 播放完后，问学生：看完这个视频，想不想尝一尝四川的麻辣味？ 教师：我们现场来烹调出麻辣味给大家尝尝好吗？ 介绍实验器材：电源（4节干电池，电压6V）、鳄鱼夹、经过高温杀菌处理的回形针。 引导，提问：6V的电压对人体安全吗？为什么？ 同学们把电路按图连接好，把两个回形针放在舌尖，回形针不要碰到一起，先连1节电池，然后连4节电池，体会舌尖的感觉。 提问：为什么你们的舌尖麻麻的？	观看视频，你有没有被视频中的美食所吸引？是不是顿时有一种口内生津的感觉？ 学生答：想尝。 学生答：好！（好奇，期待） 答：安全。因为对人体安全的电压是不高于36V的电压。 体会：1节电池舌尖没感觉，4节电池舌尖有麻麻的感觉。 答：因为有电流经过	创设新颖的情境，引出实验探究：舌尖上的电流。 利用新奇的实验，让学生初步感受到电流与电阻有关

续 表

教学环节	教学内容	教师活动	学生活动	设计意图
创设情境引入新课	引入电流与电阻关系的探究	追问：为什么1节电池不麻，4节电池就麻了？ 再问：这说明电流大小与什么有关？ 引导：我们再来做一个实验，还是用4节电池，这次把两个同学的舌尖用导线串联在一起，再接入电源两极，看看舌尖有什么感觉？ 提问：为什么不那么麻了？ 追问：这说明电流的大小与什么因素有关？ 引导：电流与电压的关系，我们已经学过了，哪位同学来复习一下？ 总结：这个同学说得很好，那么电流与电阻又具体是一种怎样的关系呢？我们这节课就来探究电流与电阻的关系	答：电流变大。 答：电流大小与电压有关，电压越大电流就越大。 答：不那么麻。 答：电流变小。 答：电流的大小与电阻有关。 答：电阻一定时，电流与电压成正比	承上启下，引出本节课要探究的内容
实验探究	探究电流与电阻的关系	1.提出问题 通过导体的电流跟导体电阻有怎样的关系？ 2.猜想与假设 它们之间可能的数量关系是什么？ 猜想1：导体的电阻越大，通过的电流越小。 猜想2：通过导体的电流与导体的电阻成反比。 3.设计实验 以提问方式进行引导： （1）你采用的实验方法是什么？ （2）控制哪个量改变哪个量？ （3）如何改变电阻？	根据已掌握的电学知识猜想电流大小与电阻的定量关系。 分析讨论： （1）控制变量法。 （2）控制电压不变，改变电阻的大小。 （3）更换定值电阻。	实验探究，培养学生的科学探究能力。 引导学生分析理解如何根据电路图连接电路，并强调实验中应注意的问题

129

续表

教学环节	教学内容	教师活动	学生活动	设计意图
实验探究	探究电流与电阻的关系	（4）怎样才能控制电阻两端的电压不变？ （5）实验中要记录的数据有哪些？ （6）选择的实验器材有哪些？ （7）这些器材的作用是什么？ （8）你设计的电路图是怎样的？ 引导学生根据讨论的结果确定设计方案，如下图所示： 学生实验操作前出示以下"温馨提示"的内容，提醒学生实验过程中要注意的问题。 温馨提示： （1）根据电路图连接电路。 （2）连接电路时开关应断开。 （3）开关闭合前滑动变阻器的滑片应置于阻值最大处。 4.进行实验 打开探究学习活动卡，开始实验探究。 实验操作过程： （1）闭合开关后，调节滑动变阻器的滑片，使 R 两端的电压为适当值。	（4）移动滑动变阻器的滑片，直到电压表的示数不变。 （5）电压值、电流值、电阻值。 （6）电流表、电压表、滑动变阻器、定值电阻、电源、开关、导线。 （7）滑动变阻器：保持定值电阻两端的电压不变以及保护电路。电流表：测电路的电流。电压表：测定值电阻两端的电压。 明确实验操作过程中应注意的问题。 进行实验	

续 表

教学环节	教学内容	教师活动	学生活动	设计意图
实验探究	探究电流与电阻的关系	（2）更换不同电阻（成整数倍地变换），调节滑动变阻器的滑片，使R两端的电压保持不变。记录通过的电流值。（学生分为若干探究小组，组内成员分工合作进行实验探究。教师巡回指导，注意观察学生实验过程中出现的问题，以此作为评估实验的参考。） 5.分析与论证 引导学生分析实验数据，得出电流与电阻之间的定量关系： 在导体两端电压一定的情况下，通过导体的电流与导体的电阻____。 在坐标系中描点并画出函数图像，分析图像特点，确定结论的正确性。 （坐标图：纵轴 I/A，刻度 0.1、0.2、0.3、0.4；横轴 R/Ω，刻度 5、10、15、20） 6.评估与交流 学生对自己的探究过程进行回顾、反思，思考在探究中哪些问题不清楚，实验设计是否科学合理，操作过程中会造成误差的因素可能有哪些。通过评估，学生能发现自己的不足，及时总结，不断提高。 （以下作为参考问题） （1）你在实验过程中有哪些成功与不足之处？	分析实验数据，得出实验结论，并画出函数图像，结合图像的特点确定结论的正确性。 引导学生对不同小组的实验数据进行综合比较，分析实验过程中的得与失。 讨论后得出结论：电阻是导体的一种性质，电阻的大小与电流和电压无	

续表

教学环节	教学内容	教师活动	学生活动	设计意图
实验探究	探究电流与电阻的关系	（2）你所在小组得出的实验结论与其他小组的实验结论有什么差别？ （3）分析实验结论与开始的假设有什么差异。 （4）分析产生实验误差的原因是关键点之一，教师引导学生对探究的全过程进行评估	关，电流的大小在数值上等于电压与电阻的比值	
实验结论欧姆定律	学习欧姆定律	归纳电流与电压和电阻的关系，得出欧姆定律： 电阻一定时，通过导体的电流与导体两端的电压成正比；电压一定时，通过导体的电流与导体的电阻成反比。 用公式表达为 $I=U/R$。 讨论：电阻 R 与 U/I 的关系的理解	R 与 $\dfrac{U}{I}$ 关系的理解：R 是导体的一种性质，与 U 和 I 无关，其大小等于 U 与 I 的比值	
学以致用	电流与电阻的关系在生活中的应用	电流与电阻的关系在生活中也有很多应用，请看酒精检测仪及电子秤的原理 酒精检测仪	结合生活实例，体现从物理走向生活的理念	通过探究活动，一方面培养学生严谨的科学态度和观察思维能力；另一方面将本节课所研究的内容应用在生活实际中，体现物理来源于生活、服务于生活的学科特色，培养学生热爱科学、服务社会的责任感

续表

教学环节	教学内容	教师活动	学生活动	设计意图
学以致用	电流与电阻的关系在生活中的应用	（酒精检测仪图、电子秤弹簧与 R_1、R_2、V、P、S 电路图） 引导学生分析酒精检测仪和电子秤的工作原理和工作过程		
课堂小结	梳理、巩固本节课所学的知识	板书： 通过导体的电流大小与导体电阻的定量关系： 在导体两端电压一定的情况下，通过导体的电流与导体的电阻成反比。 欧姆定律： （1）内容 （2）表达式	学生交流讨论，做合理有效的整理	及时总结在知识与学习方法上的收获，使知识内化形成能力

【教学反思】

本节课导入时通过创设真实情境，步步推进，引入新课。由视频《舌尖上的中国——四川麻辣》引入实验：自制麻辣——舌尖上的电流。根据学生的实验体验引出电流大小与电压和电阻有关。此时再提出探究电流与电阻的定量关系这个重要问题，起到以疑生趣、以趣激趣的作用，激发学生的好奇心与强烈的求知欲望。教师合理启发学生选择实验器材，设计实验电路，学生亲自动手实验，分析数据，归纳得出结论，充分体现了学生的主体作用。

本节课的不足之处是：在实验探究过程中，对学生的操作能力估计过高，铺设不到位，部分基础较差的学生做起实验来束手无策。另外，时间分配欠合理，授课环节时间过长，学生没有充分的时间进行反馈练习。

（广州市花都区秀全街雅正学校 李安发）

第五章

核心素养导向下问题解决课教学中的情境创设

5

应用物理知识解决具体问题,简称问题解决。问题解决过程需要创设具体的实际情境。学生能否把问题中的实际情境转化为解决问题的物理情境,建立相应的物理模型,这是应用物理观念思考问题、应用物理知识解决问题的关键。本章结合典型教学案例说明物理问题解决的学习过程和模型。

案例1 动量守恒定律的应用——碰撞类问题

（粤教版高中物理选修3-5第一章第三节）

【内容分析】

碰撞类问题是对动量守恒定律、动能定理等内容的应用，本节教学内容主要是从动量守恒定律应用的角度，解决碰撞类问题中几个典型的模型。课时内容反映了动量守恒定律在碰撞情境中的应用，动量守恒和能量分析是解决问题的关键。再次明确碰撞过程分为机械能守恒和机械能不守恒的情况，既对应碰撞过程受力分析，也对应碰撞过程能量分析，具有很强的实践性和实用性。

【学情分析】

学生在前一节课对碰撞及碰撞中的动量守恒有了一定的了解，初步掌握了碰撞的特点及其适用的规律，但普遍存在着理解概念不准确、分析问题缺乏条理、建模能力欠缺等情况。本节课选用一道例题和两道变式（均是生活中常见的碰撞实例，又是高考中常见的试题情境），目的是让学生通过思考和讨论，对有关碰撞的问题进行归纳，理解各种类型的碰撞的物理情境和实质，掌握其典型特征、适用规律、与能量等相关知识的联系，会运用它们分析解决实际问题。

【教学目标】

（1）掌握应用动量守恒定律分析、解决碰撞类问题的一般步骤，并能用该问题图式（特征和解题方法）解决同类型的问题。

（2）通过探究碰撞过程中的守恒量，进一步发展学生运动与相互作用的观念和能量观念，使其了解物理规律具有的适用范围和条件。

（3）通过创设学生感兴趣的问题情境，引导学生运用已有的概念和规律分析常见的碰撞现象，建构弹性碰撞等模型，学会用守恒定律解决问题的方法。

【教学重难点】

重点：掌握应用动量守恒定律分析、解决碰撞类问题的一般步骤，并能用该问题图式解决同类型的问题。

难点：在具体情境中准确审题、建立物理模型及正确分析物理过程，寻找物理规律是本节课的难点。

【教学用具】

多媒体教学课件。

【教学过程】

表2-5-1-1 "碰撞类问题"教学过程

教学环节	教学内容	教师活动	学生活动	设计意图
创设问题解决的情境	例：如下图所示，一条轨道固定在竖直平面内，粗糙的ab段水平，bcde段光滑，cde段是以O为圆心、R为半径的一小段圆弧。可视为质点的物块A和B紧靠在一起，静止于b处，A的质量是B的3倍。两物体在足够大的内力作用下突然分离，分别向左、右始终沿轨道运动。B到d点时速度沿水平方向，此时轨道对B的支持力大小等于B所受重力的3/4，A与ab段的动摩擦因数为μ，重力加速度g，求： （1）物块B在d点的速度大小。 （2）物块A滑行的距离	引导学生进行过程分析，并选择恰当的物理规律对每一过程进行解答	在教师的引导下分析每个运动过程或某个点的受力情况，写出相应的物理规律	通过一道多过程的力学组合题帮学生学习动量守恒的应用，同时复习各种运动问题的处理方法

续表

教学环节	教学内容	教师活动	学生活动	设计意图
创设问题解决的情境	解： （1）设物块A和B的质量分别为m_A和m_B依题意，B在d点处的合力： $F=m_Bg-\dfrac{3}{4}m_Bg=\dfrac{1}{4}m_Bg$ ① 由牛顿第二定律得 $\dfrac{1}{4}m_Bg=m_B\dfrac{v^2}{R}$ ② $v=\dfrac{\sqrt{gR}}{2}$ ③ （2）设A、B分开时的速度分别为v_1、v_2，由系统动量守恒得 $m_Av_1-m_Av_2=0$ ④ B由位置b点运动到d的过程中，机械能守恒，即 $\dfrac{1}{2}m_Bv_2^2=m_BgR+\dfrac{1}{2}m_Bv^2$ ⑤ A在滑行过程中，由动能定理得 $0-\dfrac{1}{2}m_Av_1^2=-\mu m_Ags$ ⑥ 联立③④⑤⑥，得 $s=\dfrac{8R}{\mu}$			
创设问题应用的情境	变式1：如下图所示，质量为m的b球用长h的细绳悬挂于水平轨道BC的出口C处。质量为$2m$的小球a，从距BC高h的A处由静止释放，沿ABC光滑轨道滑下，在C处与b球正碰并与b粘在一起。已知BC轨道距地面的高度为$0.5h$，悬挂b球的细绳能承受的最大拉力为$4mg$，重力加速度为g，求：	引导学生跟踪小球的运动过程，根据每一个运动过程满足的物理规律列式求解	学生自己仔细审题，按照运动过程列式求解	

续表

教学环节	教学内容	教师活动	学生活动	设计意图
	（1）a与b球碰前瞬间的速度多大？ （2）a、b碰撞后瞬间的共同速度是多少？ （3）a、b两球碰后，细绳是否会断开？若细绳断开，小球在DE水平面上的落点距C的水平距离是多少？若细绳不断开，小球最高将摆多高？			本题考查碰撞中的完全非弹性碰撞、机械能守恒、圆周运动和平抛的相关知识点，要求学生灵活运用学过的主干知识
创设问题应用的情境	变式2：如下图所示，在同一竖直面上，质量为$2m$的小球A静止在光滑斜面的底部，斜面高度为$H=2L$。小球受到弹簧的弹性力作用后，沿斜面向上运动。离开斜面后，达到最高点时与静止悬挂在此处的小球B发生弹性碰撞，碰撞后球B刚好能摆到与悬点O同一高度，球A沿水平方向抛射，落在水平面C上的P点，O点的投影O'与P的距离为$L/2$。已知球B质量为m，悬绳长L，视两球为质点，重力加速度为g，不计空气阻力，求： （1）球B在两球碰撞后一瞬间的速度大小； （2）球A在两球碰撞前一瞬间的速度大小； （3）弹簧的弹性力对球A所做的功			本题是一道较为综合的碰撞类计算题，过程较多，解题的突破口是弹性碰撞的速度公式。结合能量守恒的观点解题

续表

教学环节	教学内容	教师活动	学生活动	设计意图
创设问题应用的情境	(图：A点在斜面底部，经过H高度到达O点，B点悬挂于O'下方长度L处，P点在O'右侧L/2处，C点在右端)			
课堂小结	碰撞类问题的特点是：过程多，每一个物理过程对应的物理规律都很简单，整道题中要用到动量守恒的往往就是碰撞的瞬间，在列动量守恒的关系式时，一定要分清楚两个物体的碰撞属于哪种碰撞类型，按照对应的类型列式求解			

【教学反思】

碰撞类问题是应用动量和能量知识的一类典型问题，这类题目的特点是过程清晰易懂，列式简单。解题方法一般有两种：一种是按照题目给出的关键信息找到解题突破口，从解题突破口入手解决问题；另一种方法是按照物体的运动过程，从起点开始，对每一个物理过程列出对应的物理方程，然后再从所列的物理方程中找解题的突破口。本节课通过创设问题解决的情境，引导学生从审题到建模，层层分析，找准解决问题的方法，并通过一题多变，强化和巩固学生对这类问题的分析和解决的思路和方法。

（广州市花都区秀全中学　吴　为）

案例2　动量守恒定律的应用
——子弹打木块类问题

（粤教版高中物理选修3—5第一章第三节）

【内容分析】

动量守恒定律在具体情境中应用的典型问题主要有碰撞类、子弹打木块类、弹簧类、反冲和爆炸类、滑板类等。子弹打木块类问题是高中物理的主干知识：动量与能量相结合应用的重要模型之一。这类问题特征明显，分析时要抓住动量守恒与能量守恒这两条主线，根据所求的量准确地选取研究对象。以受力分析、过程分析和能量分析为基础，涉及运动学公式、牛顿运动定律，以功能关系、动量守恒定律为基本规律，重视建模和用模能力，是高考考查的重点和热点内容。

【学情分析】

子弹打木块模型是一种常见的模型，主要考查动量和能量的相关知识。通过前面的学习，学生已经知道了动量、动量守恒的相关知识，并已经运用动量守恒定律做过关于碰撞的一些练习，对动量守恒定律有了一些认识。但由于这类问题综合性强，往往涉及多个过程和多个物体，对学生的受力分析、运动分析能力要求高，要求学生善于挖掘隐含条件和临界条件，找准解题的突破口，因此对于高二的学生来说是有一定难度的。

【教学目标】

（1）通过实际情境的分析和解决，进行准确的受力分析和运动分析，建立子弹打木块的物理模型并掌握此类问题的特征。

（2）掌握应用动量守恒定律、动能定理和能量守恒定律分析、解决子弹打木块类问题的思维方法，构建子弹打木块模型，并能合理地迁移，解决同类型的问题，培养学生的科学思维素养。

（3）通过对子弹打木块模型的分析，培养学生运用所学知识分析和解决实际问题的能力和意识，以及严谨处事的科学态度。

【教学重难点】

重点：通过对实际情境的分析与解决，掌握应用动量守恒定律、动能定理和能量守恒定律分析、解决子弹打木块类问题的一般步骤，掌握子弹打木块模型，并能用该模型的解题方法解决同类型的问题，培养学生的科学思维素养。

难点：在具体情境中准确审题、建立物理模型及正确分析物理过程，寻找物理规律。

【教学用具】

多媒体教学平台。

【教学过程】

表2-5-2-1 "子弹打木块类问题"教学过程

教学环节	教学内容	教师活动	学生活动	设计意图
复习回顾	1.动能定理：$W_{合}=E_{k2}-E_{k1}$。 2.恒力做功的计算：$W=FS\cos\theta$。 3.动量守恒定律： （1）守恒的条件：系统所受合外力为零。 （2）表达式： $m_1v_1+m_2v_2=m_1v_1'+m_2v_2'$	教师提出问题，引导学生回忆	学生积极思考和回顾	为本课的学习提供条件

续 表

教学环节	教学内容	教师活动	学生活动	设计意图
创设解决问题的情境	例1：子弹质量为m，以速度v_0水平打穿质量为M，放在光滑水平面上的木块，子弹的速度变为v，求木块的速度是多少？ 例2：质量为M的木块静止在光滑水平面上，一质量为m，速度为v_0的子弹水平射入木块且并未穿出。设木块对子弹的阻力大小恒为F，试求： （1）打击完毕后木块的速度为多少？ （2）打击过程中产生的内能为多少？ （3）木块至少多长子弹才不会穿出？ 解：（1）打击完的速度： $mv_0=(M+m)v$ $\therefore v=\dfrac{mv_0}{M+m}$ （2）思考以下问题： ①为什么打击过程中能产生内能？ ②从能量守恒的角度看，系统内能增加，什么能减少？ ③如何求出增加的内能？ Q=系统损失的动能 $=\dfrac{1}{2}mv_0^2-\dfrac{1}{2}(m+M)v^2$ （3）思考以下问题： ①请分别找出子弹、木块的位移（对地位移）。 ②力F分别对子弹、木块做什么功？做功多少？ 对子弹： $w_1=-Fs_子=\dfrac{1}{2}mv^2-\dfrac{1}{2}mv_0^2$（匀减速） 对木块： $w_2=Fs_木=\dfrac{1}{2}Mv_0^2$（匀加速）	教师提出问题让学生思考。 提出问题引导学生分析	学生审题、分析思考，解答。 第1问让学生自主完成。 学生完成第2问，到黑板板书。 学生思考完成	例1意在让学生巩固动量守恒的应用，为例2做准备。 例2是子弹打木块类问题的典型例子，通过对该问题的分析，让学生感悟该类问题的基本特征和解题方法

143

续表

教学环节	教学内容	教师活动	学生活动	设计意图
创设解决问题的情境	两式相加得 $F(s_子 - s_木) = \frac{1}{2}mv_0^2 - \frac{1}{2}(m+M)v^2$ $Q = Fd = \frac{1}{2}mv_0^2 - \frac{1}{2}(m+M)v^2$ Q：系统产热（内能）。 F：子弹与木块间的滑动摩擦力。 d：子弹深入木块的深度（子弹不会穿出的木块的最小长度）。 归纳总结： 1.子弹打木块类问题的特征： 该类问题由两个物体组成，且受外力为零，因此动量守恒；同时由于滑动摩擦力做功，系统内发生动能和内能的转化。 2.该类问题的解题方法： （1）运用动量守恒定律列式。 （2）运用能量守恒列式，并且系统损失的动能转化为系统的内能（产热）。 （3）系统产生的内能$Q=Fd$，F为子弹和木块之间的相互作用力，d为子弹打入木块的深度。经常用这种方法求子弹深入木块的深度		思考、总结、归纳	
创设问题应用的情境	1.矩形滑块由不同材料的上下两层黏结在一起组成，将其放在光滑的水平面上，质量为m的子弹以一定的速度水平射向滑块，若射击上层，则子弹恰好不射出；若射击下层，则子弹整个恰好嵌入。上述两种情况相比较（　　）。 甲　　　　乙	教师对学生的答案进行点评	学生思考解答	对习得的问题解决图式进行深化理解

144

续表

教学环节	教学内容	教师活动	学生活动	设计意图
创设问题应用的情境	A.甲图，子弹对滑块做的功多 B.两次子弹对滑块做的功一样多 C.子弹嵌入下层过程中，系统产生的热量较多 D.子弹击中上层过程中，系统产生的热量较多 2.如图所示，一个长为L、质量为M的长方形木块，静止在光滑水平面上，一个质量为m的物块（可视为质点），以水平初速度从木块的左端滑向右端，设物块与木块间的动摩擦因数为μ，当物块与木块相对静止时，物块仍在长木块上。求： （1）物块m的最终速度。 （2）系统机械能转化成内能的量Q。 （3）长方形木块M的最小长度 v_0→ m　　M			让学生建立模型，理解滑块+木板相当于子弹打木块模型
课堂总结	1.子弹打木块类（含滑块+木板）问题的特征： 该类问题由两个物体组成，且受外力为零，因此动量守恒；同时由于滑动摩擦力做功，系统内发生动能和内能的转化。 2.该类问题的解题方法： （1）运用动量守恒定律列式。 （2）运用能量守恒列式，并且系统损失的动能转化为系统的内能（产热）。 （3）系统产生的内能$Q=Fd$，F为子弹和木块之间的相互作用力，d为子弹打入木块的深度。经常用这种方法求子弹深入木块的深度	师生共同总结		对本节内容进行梳理，深化学生对该模型的理解，使学生将该模型纳入原有的知识结构

145

续 表

教学环节	教学内容	教师活动	学生活动	设计意图
课后练习	1.如下图所示，一质量为M的物块静止在桌面边缘，桌面离水平地面的高度为h。一质量为m的子弹以水平速度v_0射入物块后，以水平速度$v_0/2$射出。重力加速度为g。求： （1）此过程中系统损失的机械能； （2）此后物块落地点离桌面边缘的水平距离。 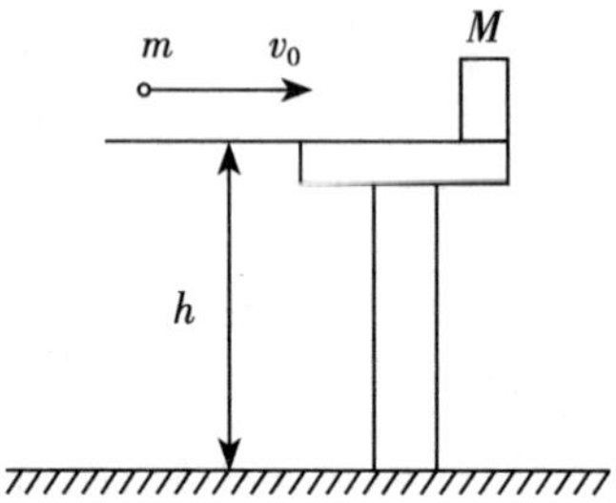 2.如下图所示，质量为m的小物块以水平速度v_0滑到原来静止在光滑水平面上质量为M的小车上，物块与小车间的动摩擦因数为μ，小车足够长。求： （1）小物块相对小车静止时的速度； （2）从小物块滑上小车到相对小车静止所经历的时间； （3）从小物块滑上小车到相对小车静止时，系统产生的热量和物块相对小车滑行的距离 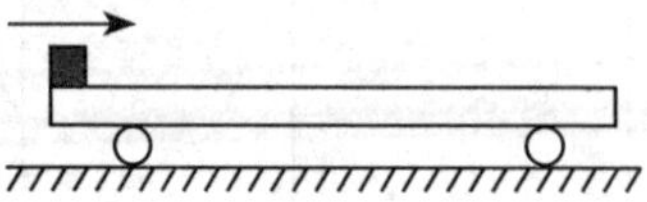		课后及时完成和巩固	训练题针对性、层次性、思维性较强，能很好地帮助学生掌握子弹打木块类问题的解题图式

【教学反思】

动量守恒的子弹打木块类问题是动量和能量综合应用中的一类题目，本课以掌握这类问题的解题方法和问题图式为教学目标，通过一道典型例题的分析使学生习得问题图式，并通过变式和拓展练习强化学生对该类问题图式的理解。例2的分析以教师的引导为主，变式和拓展以学生的分析思考为主，边讲边练，体现了学生的主体地位和教师的主导作用，加强了师生互动、生生互动，学生参与课堂的积极性很高，教学效果很好。例题分析完之后，师生共同总结规律，提炼出解决问题的图表式解题方法，从而让学生掌握方法、提高解题能力。

（广州市花都区邝维煜纪念中学　钟敏娴）

案例3　动量守恒定律的应用——弹簧类问题

（粤教版高中物理选修3-5第一章第三节）

【内容分析】

动量守恒定律在具体情境中应用的典型问题主要有碰撞类、子弹打木块类、弹簧类、反冲和爆炸类、滑板类等。两物体通过弹簧发生相互作用，作用过程系统不受外力作用，这类问题特征明显，并且有求解的强方法，以受力分析、过程分析和能量分析为基础，以机械能守恒、动量守恒定律为基本规律。这类问题往往涉及多个过程，对学生的受力分析、运动分析、能量分析能力要求高，要求学生善于挖掘隐含条件和临界条件，找准解题的突破口，因此对于高二学生来说，这类问题既是重点内容也是难点内容。

【教学目标】

（1）通过对实际情境问题的分析和解决，理解弹簧类模型，能用自己的语言陈述该类问题的特征和解决问题的方法，培养学生的科学思维能力。

（2）掌握该类问题的解题方法，并能在具体情境中解决同类型问题。

【教学重难点】

重点：掌握该类问题的解题方法，并能在具体情境中运用该模型的解题方法解决同类型的习题。

难点：在具体情境中准确判断和运用该模型的解题方法。

【教学过程】

表2-5-3-1 "弹簧类问题"教学过程

教学环节	教学内容	教师活动	学生活动	设计意图
复习回顾	1.胡克定律：$F=kx$，x指弹簧伸长或压缩的长度。 2.动量守恒定律： （1）守恒的条件：系统所受合外力为零。 （2）表达式： $m_1v_1+m_2v_2=m_1v_1'+m_2v_2'$ 3.机械能守恒定律： （1）守恒的条件：只有重力或弹簧弹力做功。 （2）表达式： $E_{k1}+E_{p1}=E_{k2}+E_{p2}$	教师提出问题，引导学生回忆	学生积极思考和回顾	复习三个定律，为本课的学习提供条件
创设问题解决情境	例题：光滑水平面上，质量为m_1的物体A以速度v_1向质量为m_2的静止物体B运动，B的左端连有轻弹簧，A与弹簧碰后粘连在一起，试分析A与弹簧接触后A和B的运动情况。 分析： 1.弹簧压缩阶段：受力分析如下图所示，A受到的弹力与运动方向相反且弹力逐渐增大，故A做加速度越来越大的减速运动；B受到的弹力与运动方向相同且弹力逐渐增大，故B做加速度越来越大的加速运动。当A的速度与B的速度相等时，弹簧压缩到最短。设共同速度为$v_共$，则此时有$m_1v_1=(m_1+m_2)v_共$。	教师在学生思考的基础上引导学生进行受力分析、过程分析和能量分析	学生审题、分析思考，尝试解答	本例是弹簧模型的典型例子，通过该典例的分析过程，让学生感悟该类问题的基本特征和解题方法

教学环节	教学内容	教师活动	学生活动	设计意图
创设问题解决情境	之后由于B的速度大于A的速度，弹簧压缩量减小，直至恢复原长，在此过程中，A也可能已由向右减速变为向右加速，设此时A、B的速度分别为v_1'、v_2'，由动量守恒和机械能守恒定律得 $m_1v_1=m_1v_1'+m_2v_2'$ $\frac{1}{2}m_1v_1^2=\frac{1}{2}m_1v_1'^2+\frac{1}{2}m_2v_2'^2$ 2.弹簧拉伸阶段：A可能受到的弹力与运动方向相同且弹力逐渐增大，故A做加速度越来越大的加速运动；B受到的弹力与运动方向相反且弹力逐渐增大，故B做加速度越来越大的减速运动。当A的速度与B的速度相等时，弹簧拉伸到最长。设共同速度为$v_共$，则此时有$m_1v_1=(m_1+m_2)v_共$。 之后由于A的速度大于B的速度，弹簧拉伸量减小，直至恢复原长，在此过程中，B也可能已由向右减速变为向左加速。由动量守恒和机械能守恒可知，此时A、B的速度与从压缩到恢复原状时的速度相同			
	归纳总结： 1.弹簧类问题的特征： 该类问题一般由两个物体和弹簧组成，且受外力为零，因此动量守恒；同时由于只有弹簧弹力做功，系统内只发生动能和弹性势能的相互转化，故此系统的机械能守恒。			

续表

教学环节	教学内容	教师活动	学生活动	设计意图
	2.该类问题的解题方法： 该类问题解题的基本方法是根据动量守恒定律和机械能守恒定律列式，同时注意以下几点： （1）两个物体不停地进行着加速和减速运动，但加速度时刻在变化，所以有关两个物体运动的问题不能采用运动学公式来解决。 （2）当两物体速度相等时，弹簧处于形变量最大（压缩量或拉伸量最大）的状态，弹簧的弹性势能最大。 （3）弹簧恢复原长位置时，动量和动能均与作用前相等，类似于弹性碰撞	引导学生思考上述题目的特征和解题的方法，并清晰板书	学生思考、总结、归纳	梳理上述例题的典型特征和解题方法，将该类问题的图式显性化
创设问题应用情境	变式1：如下图所示，水平放置在光滑水平面上的弹簧处于原长状态，其一端固定在竖直墙上，另一段连接着小球B，一光滑弧形槽固定在光滑水平面上，底部与水平面平滑连接，一个质量为m的小球A从槽高h处开始静止下滑，已知A球与B球碰后粘连在一起，B球的质量是A球的2倍，重力加速度为g，A、B均可视为质点。求： （1）A球下滑到水平面时的速度v。 （2）弹簧的最大弹性势能E_P。 分析：A、B碰后压缩弹簧，由于有墙壁对A、B及弹簧系统的外力作用，故A、B及弹簧系统动量不守恒，不属于动量守恒的弹簧类问题。 解：（1）A球下滑到水平面的过程中，由机械能守恒定律得：	引导学生分析该变式是否属于弹簧模型	学生审题、思考、分析判断、分组讨论	该变式虽含有两物体和弹簧，但不符合弹簧模型的特征，是弹簧模型的反例

151

续 表

教学环节	教学内容	教师活动	学生活动	设计意图
创设问题应用情境	$mgh=\dfrac{1}{2}mv^2$ 解得 $v=\sqrt{2gh}$ （2）弹簧的最大弹性势能为 $E_P=\dfrac{1}{2}mv^2=mgh$ 变式2：质量为m的物块甲以3m/s的速度在光滑水平面上运动，有一轻弹簧固定其上，另一质量也为m的物块乙以4m/s的速度与甲相向运动，如下图所示，则（　　）。 A.甲、乙两物块在弹簧压缩过程中，由于弹力作用，动量不守恒 B.当两物块相距最近时，物块甲的速率为零 C.当物块甲的速率为1m/s时，物块乙的速率可能为2m/s，也可能为0 D.物块甲的速率可能达到5m/s 变式3：如下图所示，一轻质弹簧的一端固定在滑块B上，另一端与滑块C接触但未连接，该整体静止放在离地面高为H的光滑水平桌面上。现有一滑块A从光滑曲面上离桌面h高处由静止开始滑下，与滑块B发生碰撞（时间极短）并粘在一起压缩弹簧推动滑块C向前运动，经过一段时间，滑块C脱离弹簧，继续在水平桌面上匀速运动一段时间后从桌面边缘飞出。已知$m_A=m$，$m_B=m$，$m_C=3m$，求：	引导学生在审题的基础上进行模型特征判断，运用解题的强方法解答。 引导学生进行过程分析，并对每一过程选择恰当的物理规律解答。其中A与B的整体与C作用过程属于弹簧模型	积极思考判断、分组讨论。 积极思考，在审题的基础上建立物理模型，选择规律列方程求解	变式2是弹簧模型的正例，通过该变式强化学生对模型特征以及解题方法的理解和应用。 通过变式3进一步强化学生对模型特征以及解题方法的理解和应用

续表

教学环节	教学内容	教师活动	学生活动	设计意图
创设问题应用情境	（1）滑块A与滑块B碰撞结束瞬间的速度。 （2）被压缩弹簧的最大弹性势能。 （3）滑块C落地点与桌面边缘的水平距离。 分析：A与B碰撞后通过弹簧与C发生相互作用，A、B、C和弹簧组成系统不受外力作用，作用过程动量和机械能守恒，属于动量守恒的弹簧模型。 解：（1）滑块A从光滑曲面上h高处由静止开始滑下的过程中，机械能守恒，设其滑到底面的速度为v_1，根据机械能守恒定律有 $m_A gh = \frac{1}{2} m_A v_1^2$ 解得$v_1 = \sqrt{2gh}$ 滑块A与B碰撞的过程中，A、B系统的动量守恒，碰撞结束瞬间具有共同的速度，设为v_2，由动量守恒定律得 $m_A v_1 = (m_A + m_B) v_2$ 解得 $v_2 = \frac{1}{2} v_1 = \frac{1}{2}\sqrt{2gh}$ （2）滑块A、B发生碰撞后与滑块C一起压缩弹簧，压缩的过程机械能定恒，被压缩弹簧的弹性势能最大时，滑块A、B、C速度相等，设速度为v_3，由动量守恒定律得：			

153

续 表

教学环节	教学内容	教师活动	学生活动	设计意图
创设问题应用情境	$m_A v_1 = (m_A+m_B+m_C)v_3$ 解得 $v_3 = \dfrac{1}{5}v_1 = \dfrac{1}{5}\sqrt{2gh}$ 由机械能守恒定律得 $E_pm = \dfrac{1}{2}(m_A+m_B)v_2^2 - \dfrac{1}{2}(m_A+m_B+m_C)v_3^2$ （3）被压缩弹簧再次恢复自然长度时，滑块C脱离弹簧，设滑块A、B的速度为v_4，滑块C的速度为v_5，分别由动量守恒定律和机械能守恒定律得 $(m_A+m_B)v_2 = (m_A+m_B)v_4 + m_C v_5$ 解得 $\dfrac{1}{2}(m_A+m_B)v_2^2 = \dfrac{1}{2}(m_A+m_B)v_4^2 + \dfrac{1}{2}m_C v_5^2$ 解之得 $v_4 = -\dfrac{1}{10}\sqrt{2gh}$， $v_5 = -\dfrac{2}{5}\sqrt{2gh}$（另一组解舍去） 滑块$C$从桌面边缘飞出后做平抛运动： $s = v_3 t$，$H = \dfrac{1}{2}gt^2$ 解得之 $S = \dfrac{4}{5}\sqrt{gh}$			
课堂小结	动量守恒的弹簧模型： 1.特征：系统由两个物体和弹簧组成，且受外力为零，系统的动量和机械能守恒。 2.解题的基本方法：根据动量守恒定律和机械能守恒定律列式。 3.解题的强方法： ①弹簧压缩到最短或拉伸到最长时两物体必共速；②弹簧恢复原长时，动量和动能均与作用前相等，类似于弹性碰撞	引导学生回顾、梳理弹簧模型的特征以及解题方法	思考、总结、归纳	对本节内容进行梳理，深化学生对该模型的理解，使学生将该模型纳入原有的知识结构

续表

教学环节	教学内容	教师活动	学生活动	设计意图
课后训练	1.如图所示，A、B、C三个木块的质量均为m，置于光滑的水平桌面上，B、C之间有一轻质弹簧，弹簧的两端与木块接触而不固连。将弹簧压紧到不能再压缩时用细线把B和C紧连，使弹簧不能伸展，以至于B、C可视为一个整体。现A以初速v_0沿B、C的连线方向朝B运动，与B相碰并粘在一起，以后细线突然断开，弹簧伸展，从而使C与A、B分离。已知C离开弹簧后的速度恰为v_0。求弹簧释放的势能。 2.如图所示，LMN是竖直平面内固定的光滑轨道，MN水平且足够长，LM下端与MN相切。质量为m的小球B与一轻弹簧相连，并静止在水平轨道上，质量为$2m$的小球A从LM上距水平轨道为h的高处由静止释放，A球进入水平轨道之后与弹簧正碰并压缩弹簧但不粘连，设小球A通过M点时没有机械能损失，重力加速度为g，求： （1）A球与弹簧碰前瞬间的速度v_0。 （2）弹簧的最大弹性势能E_p； （3）A、B两球最终的速度v_A、v_B的大小。		课后及时完成和巩固	三道训练题针对性、层次性、思维性较强，能很好地帮助学生掌握弹簧类问题的解题图式

续 表

教学环节	教学内容	教师活动	学生活动	设计意图
课后训练	3.如图所示，半径为R的光滑半圆环轨道竖直固定在一水平光滑的桌面上，桌面距水平地面的高度也为R，在桌面上有一轻质弹簧被a、b两个小球挤压（小球与弹簧不拴接），处于静止状态。同时释放两个小球，小球a、b与弹簧在水平桌面上分离后，a球从B点滑上光滑半圆环轨道并恰能通过半圆环轨道最高点A，b球则从桌面C点滑出后落到水平地面上，落地点距桌子右侧的水平距离为$\sqrt{\frac{5}{2}}R$。已知小球a的质量为m，重力加速度为g，求： （1）释放后a球离开弹簧时的速度大小。 （2）释放后b球离开弹簧时的速度大小。 （3）释放小球前弹簧具有的弹性势能			

【教学反思】

动量守恒的弹簧类问题是动量和能量综合应用中的一类题目，本节课通过创设情境——一道典型例题的分析使学生习得问题图式，并通过两正一反三个变式强化学生对该类问题图式的理解。课堂上，例题的分析以教师的分析讲解为主，变式练习以学生的分析思考为主，能够做到"练在讲之前，讲在关键处"，既突出学生的主体地位，又发挥了教师的主导作用。同时，在课堂组织形式上引入了小组合作的方式，加强了生生互动，互动形式的多样化大大提高了学生参与课堂的积极性，教学效果很好。

（广州市花都区邝维煜纪念中学　高秀丽）

参考文献

［1］中华人民共和国教育部.普通高中物理课程标准（2017年版）［M］.北京：人民教育出版社，2018.

［2］李春密.核心素养导向的高中物理教学设计［M］.北京：北京师范大学出版社，2019.

［3］高秀丽.基于知识分类的高中物理教学设计及案例评析［M］.广州：广东人民出版社，2017.

［4］陈刚.物理教学设计［M］.上海：华东师范大学出版社，2009.

［5］皮连生.学与教的心理学［M］.上海：华东师范大学出版社，2009.

［6］L.W.安德森，等.学习、教学和评估的分类学［M］.皮连生，译.上海：华东师范大学出版社，2008.

［7］王力邦.中学物理教师的学习与思考［M］.北京：科学出版社，2009.

［8］余文森.核心素养导向的课堂教学［M］.上海：华东师范大学出版社，2017.

［9］廖伯琴.普通高中物理课程标准（2017年版）解读［M］.北京：高等教育出版社，2018.

［10］李新乡，张军朋.物理教学论［M］.北京：科学出版社，2009.

［11］郭玉英，姚建欣.基于核心素养学习进阶的科学教学设计［J］.课程·教材·教法，2016（11）：64-70.

［12］江合佩.走向真实情境的化学教学研究［M］.福州：福建教育出版社，2020.

［13］张玉峰，汤玉林.基于核心素养的高中物理教学重难点突破［M］.北京：北京师范大学出版社，2019.

［14］谭国华.高中数学教学设计的理论与实践［M］.北京：人民教育出版社，2012.

［15］高秀丽.基于支架式教学策略下的高中物理高效课堂［J］.物理教学探讨，2014（6）：11-13.

［16］阎金铎，田世昆.中学物理教学概论［M］.北京：高等教育出版社，2003.

［17］广东基础教育课程资源研究开发中心物理教材编写组.高中物理（必修1）［M］.广州：广东教育出版社，2010.

［18］广东基础教育课程资源研究开发中心物理教材编写组.高中物理（必修2）［M］.广州：广东教育出版社，2010.

［19］广东基础教育课程资源研究开发中心物理教材编写组.高中物理（选修3—5）［M］.广州：广东教育出版社，2011.

［20］中华人民共和国教育部.义务教育物理课程标准［M］.北京：北京师范大学出版社，2011.

［21］人民教育出版社课程教材研究所物理课程教材研究开发中心.初中物理（八年级上册）［M］.北京：人民教育出版社，2012.

［22］人民教育出版社课程教材研究所物理课程教材研究开发中心.初中物理（八年级下册）［M］.北京：人民教育出版社，2012.

［23］人民教育出版社课程教材研究所物理课程教材研究开发中心.初中物理（九年级全一册）［M］.北京：人民教育出版社，2013.